hunde

hunde

IN KUNST, FOTOGRAFIE UND LITERATUR

evergreen

Abbildung Seite 2: David Hockney, *Dog Painting 25* (1995)
Abbildung Seite 3 und 5: Gaylen Hansen,
Two Dogs, One Green (1985)
Abbildung Seite 4: Anthony Holdsworth,
Grüner Hydrant (1993)

EVERGREEN is an imprint of Benedikt Taschen Verlag GmbH

The Ivy Press Limited
The Old Candlemakers, West Street
Lewes, East Sussex, BN7 2NZ
Art Director: Peter Bridgewater
Editorial Director: Sophie Collins
Designer: Clare Barber
D.T.P. Designer: Chris Lanaway
Senior Project Manager: Rowan Davies
Editor: Mandy Greenfield
Picture Research: Liz Eddison

Übersetzung aus dem Englischen: Sabine Lorenz, Göttingen
Koordination: Katrin Becker, Köln
Umschlaggestaltung: Catinka Keul, Köln

Printed in China
ISBN 3–8228–6385–8

Inhalt

Einleitung

ÄGYPTEN
SKULPTUR EINES SCHAKALS

Seit der Mensch Hunde als Nutztiere hält, widmen sich Künstler der Darstellung ihres vierbeinigen Freundes. Über viele Jahrhunderte hinweg bildete der Einsatz bei der Jagd den eigentlichen Verwendungszweck des Hundes und war zugleich wichtigste Quelle künstlerischer Inspiration. Schon Höhlenmalereien zeigen hundeähnliche Wesen als Jagdgefährten des prähistorischen Menschen, und Assyrer und Hethiter schufen wundervolle Reliefs von Löwenjagden, in denen Hunde eine entscheidende Rolle spielten.

Später umfaßte das Repertoire auch religiöse und mythologische Themen. Ägyptische Hieroglyphen zeigten Anubis, den Totengott mit dem Schakalkopf, Künstler der griechischen und römischen Antike die Jagdgöttin Diana oder Zerberus, den dreiköpfigen Wächter des Hades.

PIERO DI COSIMO
CEPHALUS UND PROCRIS

ANDREA
DEL SARTO
DER ERZENGEL RAPHAEL MIT TOBIAS, DEM HL. LEONARD UND EINEM STIFTER

Mit Beginn des Mittelalters begegnet man dem Hund als Motiv auch im Rahmen der Gestaltung christlicher Themen, etwa in der Geschichte von Tobias und dem Erzengel oder beim Abendmahl, bei dem Judas Ischarioth häufig mit einem Hund zu seinen Füßen erscheint. Diese Epoche bringt zum ersten Mal auch Kunstwerke hervor, die ausdrücklich der Darstellung von Tieren gewidmet sind, z. B. Bestiarien – illuminierte Handschriften mit allegorischen Tierdarstellungen – sowie Abhandlungen, die sich mit dem Jagdwesen befassen. Die bekannteste ist das *Livre de la Chasse* (1387/88) von Gaston III., Graf von Foix und Béarn (1331–1391), in dem sich nicht nur erste Illustrationen von Hundekrankheiten, sondern auch Abbildungen von Hunden finden, die man zur Jagd auf Verbrecher abgerichtet hatte.

Einige mittelalterliche Handschriften zeigen, welche Rolle die Hunde im Alltagsleben der Menschen jener Zeit spielten. Fast alle Stundenbücher (Gebetbücher für Laien) enthielten mit Miniaturen

LUTTRELL-
PSALTER
EIN HUND FÜHRT KUNSTSTÜCKE VOR

der Jahreszeiten verzierte Kalender. So zeigen zum Beispiel die *Très Riches Heures* des Duc de Berry (1340–1416) Hunde verschiedener Rassen, die vom Tisch ihres Herrn fressen (Januar), sich am Feuer eines Bauern wärmen (Februar), Schafe zusammentreiben (März) oder Wildschweine jagen (Dezember).

REINAGLE
NACHMITTÄGLICHE JAGD

LARGILLIÈRE
DIE SCHÖNE STRASSBURGERIN

Seit der Renaissance spielten Hunde in der Porträtmalerei eine immer wichtigere Rolle. Um ihren Status zu unterstreichen, wurden Herrscher und Adelige zusammen mit Jagdhunden dargestellt, bedeutete der Besitz solcher Tiere doch, daß der Porträtierte über entsprechend große, für die Jagd geeignete Ländereien verfügte. Damen der gehobenen Gesellschaft dagegen malte man mit kleinen Schoßhunden, die als Inbegriff von Eleganz und Treue galten. Auf manchen Bildern, etwa William Hogarths verblüffendem *Selbstbildnis mit Hund*, scheint der Hund die Persönlichkeit des Porträtierten widerzuspiegeln.

Im 18. Jahrhundert gab es dann Maler, die sich auf die Darstellung von Hunden bei der Jagd spezialisiert hatten. Folglich zeigen viele Arbeiten ein erstaunliches Maß an anatomischer Genauigkeit; sie geben damit wertvollen Aufschluß über die Entwicklung der einzelnen Rassen. Gleichzeitig gab es aber die Tendenz, in hochgradig sentimentalen Szenen Hunde als Dekor ins Werk zu setzen. Gemälde von unglücklich Liebenden, tränenreichen Abschieden und tragischen Verlusten erhielten einen zusätzlichen Hauch von Pathos, wenn ein trauriger Hund die Komposition bereicherte.

ARCHER
UM SEINEN JUNGEN HERRN TRAUERNDER HUND

Mit dem Ende des Naturalismus im 20. Jahrhundert nimmt auch die Bedeutung des Hundes für die Malerei der Moderne ab. In den populären Künsten hingegen – im Kino, im Zeichentrickfilm oder in der Werbung – findet sich das Motiv immer wieder neu. Ohne Frage kann des Menschen bester Freund auch weiterhin mit Recht als fruchtbare Quelle der Inspiration für Künstler der verschiedensten Kunstformen und -richtungen gelten.

KAPITEL 1

Jagd- und Windhunde

PIETER BREUGHEL

JÄGER IM SCHNEE

FRANKREICH
WOLFSJAGD

Schon früh wurde zwischen zwei Gruppen von Jagdhunden unterschieden: Während die einen der Fährte des Wildes mit der Nase nachspüren, verfolgen die anderen ihre Beute mit den Augen. Letztere verlassen sich bei der Jagd einzig auf ihre Schnelligkeit. Die bekanntesten westlichen Rassen, Greyhound und Whippet, dienen der Hatz auf Hasen, der Afghanische Windhund und der Saluki hingegen vermögen aufgrund ihrer enormen Schnelligkeit auch größere Beutetiere zu jagen.

BEARD
WINDHUND
VOR HÜGELLANDSCHAFT

Die Hunderassen, die sich bei der Jagd auf ihren Geruchssinn verlassen, werden verschiedenen Gruppen zugeordnet. Vorstehhunde oder Setter spüren das Wild zwar auf und leiten den Jäger zu ihm, treiben es aber nicht aus seinem Versteck. Retriever oder Apportierhunde suchen bereits erlegte Tiere und bringen sie dem Jäger, während Spaniel oder Wachtelhund Meister darin sind, Wild aufzustöbern oder zu apportieren. Hetzhunde und Terrier werden gewöhnlich in Meuten eingesetzt. Erstere sollen die Fährte des Fuchses verfolgen und alle übrigen ignorieren, Terrier (wörtlich »Erdhunde«) dienen der Jagd auf Tiere, die sich in Erdbaue flüchten.

GRAEME
SPANIEL MIT FRISCH GESCHOSSENEM MOORHUHN

Der Wunsch, bestimmte Tierarten zu jagen, führte zur Züchtung immer neuer Rassen. So wurde zum Beispiel der Sealyhamterrier in der Mitte des letzten Jahrhunderts von Captain John Edwardes gezüchtet. Seine Ländereien im walisischen Sealyham wurden von einer Iltisplage heimgesucht, und er hoffte, sie mit einer neuen Terrierrasse bekämpfen zu können, die ihrer geringen Größe wegen in Erdbaue und Höhlen vordringen konnten.

BARKER
EIN JACK-RUSSEL VOR EINEM KANINCHENBAU

Außer bei der Jagd spielen Hunde auch bei anderen Freizeitaktivitäten eine Rolle. Hunderennen

ARMFIELD
TERRIER UND KANINCHEN
IN EINEM WALD

etwa erfreuen sich wachsender Beliebtheit. Zu Beginn dieses Jahrhunderts in den USA entstanden, wurden Hunderennen in den 20er Jahren auch in Europa populär. Erfinder dieser Sportart war Owen Smith (gest. 1927), ein Ingenieur aus Illinois, der ein Spektakel inszenieren wollte, das zwar spannend wie die traditionelle Hetzjagd war, jedoch ohne das damit verbundene Blutvergießen auskam. Auch wenn man in bestimmten Gesellschaftskreisen Großbritanniens dieser Sportart mit einer gewissen Reserviertheit begegnet, ist es bezeichnend, daß man kaum einen Engländer finden wird, dem »Mick the Miller«, der Sieger des Greyhound Derby von 1929 und 1930, kein Begriff ist.

Eine vollkommen andere Art des Hunderennens pflegt man in den schnee- und eisbedeckten Landschaften Nordamerikas. Das All-Alaska-Sweepstakes,

ENGLAND
»WILD WOLF«
BEI EINEM RENNEN
IM WHITE-CITY-STADIUM,
LONDON

ein mörderisches Schlittenrennen, bei dem vor allem Huskies und Malamuts eingesetzt werden, dauert fünf Tage und geht über eine Strecke von 676 Kilometern. Es ist offensichtlich, daß hier eher Ausdauer als Schnelligkeit von entscheidender Bedeutung ist.

Weitere, wesentlich blutigere Hundesportarten gehören inzwischen der Vergangenheit an. Die Stier- oder Bärenhatz war in England noch bis 1835 gestattet, Kämpfe zwischen Hunden und Ratten sogar noch länger. 1825 erlangte ein Hund namens »Billy« eine gewisse Berühmtheit, nachdem es ihm gelungen war, im Westminster Pit innerhalb von fünf Minuten einhundert Ratten zu erledigen. Hundekämpfe waren in England und Frankreich zwar schon seit 1830 verboten, die konsequente Durchsetzung hat sich aber als außerordentlich schwierig erwiesen.

ALKEN
STIERHATZ

MARSHALL

HETZJAGD AUF EINEN HASEN
1870

Die Parforce- oder Hetzjagd auf Hasen blickt in England auf eine lange Tradition zurück und findet bereits in einem von Knut dem Großen im Jahr 1016 erlassenen Gesetzeswerk Erwähnung. Der Duke of Norfolk (1558–1603) stellte eine Reihe von Regeln für diesen »Zeitvertreib« auf, die zum Großteil noch Gültigkeit besaßen, als sich 1858 das National-Coursing-Club-Committee (das die internationale Leitung dieses Sports innehat) gründete. Der Waterloo-Cup, das sogenannte »Derby« der Parforcejagd, wurde 1836 ins Leben gerufen.

JOHN MARSHALL, tätig 1840–1896

BAILEY
VOGELJAGD IN EINEM KORNFELD
um 1990

Schußfeste Jagdhunde bedürfen einer besonders guten Ausbildung. Sie müssen lernen, so lange geduldig an der Seite ihres Herrn auszuharren, bis sie den Befehl zum Apportieren der Beute erhalten. Wie geeignet ein Hund ist, zeigt sich vor allem in unübersichtlichem Gelände. Dank seines gut ausgebildeten Geruchssinns vermag das Tier den erlegten Vogel wesentlich schneller aufzuspüren als jeder Jäger.

BRIAN BAILEY, 20. Jahrhundert

GRIECHENLAND
JÄGER BEI DER RÜCKKEHR VON DER JAGD
um 500 v. Chr.

Der Windhund zählt zu den ältesten uns bekannten Hunderassen. Bereits in der Antike setzten ihn Ägypter und Griechen bei der Jagd auf kleinere Tiere ein, was zahlreiche durchaus realistische Darstellungen beider Kulturen bezeugen.

DOUGLAS

JAGDBEUTE EINES TAGES

19. Jahrhundert

Der Stil des schottischen Malers Douglas, der seine Ausbildung an den Royal Academy Schools erhielt, ist dem Edwin Landseers (1802–1873) ähnlich. Mit ihrem glatten, gepflegten Fell und dem traurigen Blick erinnern diese Hunde eher an verhätschelte Schoß- als an Gebrauchshunde.

EDWIN J. DOUGLAS, 1848–1914

EMMS

JAGDHUNDE MIT EINEM HASEN

um 1890

Emms entstammte einer Künstlerfamilie – sein Vater, H. W. Emms, war ebenfalls Maler. Geboren in Norfolk, ging John Emms in den 60er Jahren nach London, wo er eine Zeitlang als Atelier-Assistent für Frederic Lord Leighton (1830–1896) arbeitete. Nach kurzer Zeit hatte er einen festen Kundenstamm für seine Hundeporträts, an denen seine Auftraggeber vor allem den von ihm vertretenen Stil sowie die ausdrucksstarken Gesichter der Hunde schätzten.

JOHN EMMS, 1843–1912

BOUCHER

DIANA IM BAD

1742

Für Boucher, einen der bedeutendsten Künstler des Rokoko und Lieblingsmaler der Mätresse Ludwigs XV., Madame de Pompadour (1721–1764), waren Göttinnen der klassischen Mythologie ein bevorzugtes Motiv, da sie ihn legitimierten, sinnliche Akte zu malen. Diana, auf diesem Gemälde anhand der Jagdutensilien sowie am sichelförmigen Diadem zu erkennen, war zugleich Göttin des Mondes.

FRANÇOIS BOUCHER, 1703–1770

»Der faule Hund bellt seine Flöhe an, der auf der Jagd dagegen spürt sie nicht.«

CHINESISCHES SPRICHWORT

FRÉMIN

DIANA MIT EINEM JAGDHUND

18. Jahrhundert

Ein verspielter Jagdhund springt an der nach ihrem Bogen greifenden Göttin hoch. Der griechischen Mythologie zufolge waren Dianas Hunde allerdings weit weniger zutraulich: Sterbliche, die die Göttin beim Jagen störten, wurden von der Meute in Stücke gerissen.

RENÉ FRÉMIN, 1672–1744

PEAKE

PORTRÄT EINES KNABEN

17. Jahrhundert

Auf vielen frühen Kinderporträts sind Hunde zu sehen, die jedoch in der Regel nicht als Haustiere im heutigen Sinne betrachtet wurden. Im Haushalt einer Adelsfamilie dienten Hunde vor allem der Jagd, es ist daher kein Zufall, daß der Junge auf diesem Gemälde mit Jagdwaffen dargestellt ist. Mit dem Besitz von Jagdhunden verband man im allgemeinen Reichtum und Status der Familie.

ROBERT PEAKE, tätig 1580–1626

BEARD

WINDHUND VOR HÜGELLANDSCHAFT

19. Jahrhundert

Beard, ein relativ unbekannter Künstler, widmete sich zunächst der Porträtmalerei, bevor er 1846 nach New York ging und sich der Tiermalerei zuwandte. Seine Hundegemälde folgen dem englischen Vorbild: Fast immer steht ein einzelner Hund im Zentrum des Bildes, während eine detailliert ausgeführte Landschaft den Hintergrund bildet.

JAMES HENRY BEARD, 1814–1893

DOMENICHINO

DIE JAGD DER DIANA

1617

Wer Diana, jungfräuliche Jägerin und Inbegriff der Keuschheit, oder ihre Gespielinnen heimlich beobachtete, war zum Tode verdammt. Diese Gefahr ignorierend, versteckten sich zwei Jünglinge in den Büschen (ganz rechts im Bild), um das Treiben zu verfolgen. Doch nun sind sie entdeckt: Einer der angriffslustigen Hunde ist bereits aufgesprungen, während Diana (erkennbar am halbmondförmigen Kopfschmuck) die Gefährtinnen zu den Waffen ruft.

DOMENICHINO
(eigentlich DOMENICO ZAMPIERI),
1581–1641

DAVIS

IN VOLLER JAGD

1891

Die Jagd in der Meute weckt bei Hunden die Urinstinkte. Die Jagdhunde verfolgen die Fährte, die der Fuchs hinterlassen hat, und verständigen sich dabei mit den anderen Hunden der Meute durch heulendes Bellen. Da ein einzelner Hund einer Fährte nur begrenzte Zeit folgen kann, wechseln die Hunde an der Spitze der Meute einander ab.

ARTHUR ALFRED DAVIS, tätig 1877–1891

Folgende Seite ►

LANDSEER

OTTERHUNDE

um 1843

Dieses Bild gehört zu einem von Lord Aberdeen (1784– 1860) in Auftrag gegebenen großformatigen, recht grausigen Gemälde. Gierig recken die Hunde ihre Schnauzen nach oben, weil der Jäger (wie auf dem größeren Bild zu sehen ist) den aufgespießten Otter in die Höhe hält, um ihn dann der Meute zuzuwerfen.

EDWIN LANDSEER, 1802–1873

COSTER

EIN HUND BEWACHT
DAS TOTE WILD
17. Jahrhundert

Totes Wild war ein beliebtes Motiv vieler holländischer und flämischer Maler, und so wurden auch Jagdhunde auf Gemälden verewigt. Der Spaniel beobachtet die Vögel so aufmerksam, als ob diese noch lebten,

JAN COSTER, 17. Jahrhundert

»Wie falsch ist doch der Spaniel gezeichnet!
Hat erst der Mensch von ihm
das Kriechen sich angeeignet?
Ein Hund und Virtuos in seinem Fach!
Der größte Schmeichler, den die Natur gemacht!
Betrachte Mensch, wie sie's bei Hofe treiben,
Dem Spaniel könnte viel zu lernen bleiben.
Doch, was der Fuchs an Beute schlägt,
Dann weiter noch sein Tadel oder Staunen regt?«

JOHN GAY, 1685–1732

GRAEME

SPANIEL VOR EINEM FRISCH
GESCHOSSENEN MOORHUHN
19. Jahrhundert

Neben Graemes Vater R. H. Roe (1793–1880) betätigten sich auch andere seiner Familienmitglieder als Maler. Um sich von ihnen zu unterscheiden, unterschlug der auf Porträts von Pferden, Jagdhunden und Jagdszenen spezialisierte Graeme bei Ausstellungen seinen Nachnamen.

COLIN GRAEME, 1858–1910

LEWIS

REITER MIT HUNDEN
18. Jahrhundert

Die vermögenden Schichten des georgianischen England setzten Hunde nicht nur zur Jagd ein, sie waren auch Begleiter auf Spazierritten. Hier reitet eine elegante Gesellschaft an einem Flußufer entlang.

JUDITH LEWIS, tätig 1775–1776

FRANKREICH

JAGDHUNDE AM HOF
um 1405

Von 1387 bis 1388 arbeitete Gaston III., Graf von Foix und Béarn (1331–1391), an seinem einflußreichen Buch über die Kunst der Jagd. Das *Livre de la Chasse* (*Buch der Jagd*) enthält detaillierte Angaben zu den damals existierenden Hunderassen und deren Krankheiten sowie zu Aufzucht und Pflege. Diese kostbare, prächtig illuminierte Ausgabe entstand wahrscheinlich im Auftrag von Johann ohne Furcht, Herzog von Burgund (1371–1419), in einer Pariser Werkstatt.

HENWOOD

FUCHSHUNDE IN EINEM ZWINGER
um 1840

Jagdhundmeuten wurden häufig in Zwingern gehalten, um die Rudelinstinkte der Tiere wachzuhalten. Bei Apportier- und Vorstehhunden dagegen, die nicht in der Meute, sondern mit dem Menschen auf Jagd gehen, setzte man von jeher auf menschliche Nähe und eine gute Ausbildung.

THOMAS HENWOOD, 19. Jahrhundert

STUBBS

RINGWOOD, EIN BROCKLESBY-FUCHSHUND
1792

Stubbs hatte zwar keine Ausbildung als Maler absolviert, aber stieg aufgrund seiner intensiven anatomischen Studien zu Englands bestem Tierporträtisten auf. Er trat vor allem durch Gemälde von Pferden hervor. Das hier gezeigte Bild eines Hundes aus der Brocklesby-Meute gehört zweifellos zu seinen besten Arbeiten.

GEORGE STUBBS, 1724–1806

GIOVANNETTI

JÄGER MIT HUNDEN

1347

Giovannettis Fresken liefern den Beweis, daß sich die Jagd auch beim Klerus großer Beliebtheit erfreute. Während ihres von 1309 bis 1376 währenden Exils im südfranzösischen Avignon beschäftigten die Päpste italienische Künstler, die den Papstpalast dekorierten. Giovannetti, der das Projekt leitete, führte etliche der Arbeiten auch selbst aus. Das hier abgebildete Fragment ist Teil des bekanntesten Freskos, der Jagdszenen im *Chambre du Cerf* (Herrenzimmer).

MATTEO GIOVANNETTI, um 1300–1368/69

KILBURNE

BEIM TRAINING VON WINDHUNDEN

1887

Die Doppelleine entsprach den Regeln der Parforcejagd, wonach man nicht mehr als zwei Windhunde auf einen Hasen hetzen durfte. Dies geschah allerdings nicht, um dem Wild eine faire Chance einzuräumen, sondern um das grausame Spektakel der Jagd in die Länge zu ziehen.

GEORGE GOODWIN KILBURNE, 1839–1924

FRANKREICH

WOLFSJAGD

um 1405

Die Miniatur mit den unnatürlich in die Länge gezogen dargestellten Hunden stammt aus dem berühmten *Livre de la Chasse* (1387–1388) von Gaston III. (wegen seiner anmutigen Erscheinung auch Phoebus, d.h. »der Leuchtende«, genannt). Die Jagd auf Wölfe gehörte zwar nicht zu den traditionellen Sportarten, doch aufgrund der Gefahr, die von diesen Tieren für Mensch und Viehbestand ausging, wurden immer wieder Versuche unternommen, die Vorfahren des Hundes auszurotten.

GRIECHENLAND

ZWEI WÖLFE TRAGEN EINEN WIDDER FORT

6. Jahrhundert v. Chr.

Eine tönerne Tanagrafigur aus der gleichnamigen Stadt in Böotien (Griechenland). 1874 wurden hier zahlreiche Statuetten ausgegraben, von denen die Mehrzahl Menschen, nicht Tiere darstellte. Wölfe gehörten wohl zu den Schrecken des Alltags und flößten Angst ein, was die unverhältnismäßigen Proportionen dieser Stücke verdeutlichen.

»Viele Hunde
sind des Hasen Tod.«

DEUTSCHES SPRICHWORT

PALIZZI

FUCHSJAGD
1850

Das Malen lag der Familie Palizzi im Blut. Neben Filippo arbeiteten auch seine drei Brüder als Maler, wenn auch nicht so erfolgreich wie er. Seine Meisterschaft auf dem Gebiet der Tierdarstellung ist unübersehbar, auch wenn er seiner Landschaften wegen als führender Künstler des italienischen Realismus galt. In späteren Jahren bekleidete er das Amt des Direktors der neapolitanischen Kunstakademie (1878–1880).

FILIPPO PALIZZI, 1818–1899

ARMFIELD

BEUTE VERBELLENDE SPANIELS
19. Jahrhundert

Spaniels dienten vor allem der Jagd auf Wasservögel, die sie als ausgezeichnete Stöberhunde aufspüren und dann aufjagen. Springerspaniels verdanken ihren Namen der Tatsache, daß sie das Wild mit einem Sprung aufjagen, während der Cockerspaniel hervorragend für das Aufspüren von Waldschnepfen geeignet ist. In jedem Falle wird ein aufgescheuchter Vogel, sobald er sich in der Luft befindet, ein leichtes Ziel für den Jäger.

GEORGE ARMFIELD, um 1820–1893

ARMFIELD

DIE KÜCHE DES WILDHÜTERS
19. Jahrhundert

George Armfield Smith ist heute nur unter dem Namen Armfield bekannt, auch wenn er seine Bilder häufig mit »Smith« signierte. Als ebenso passionierter Jäger wie produktiver Künstler, der vor allem Hunde malte, stellte er in den 40er und 50er Jahren des letzten Jahrhunderts in der Royal Academy immerhin 32 Bilder aus. Das Innere einer Wildhüterhütte bildete ein mehrfach von ihm gestaltetes Motiv; so konnte er sich auch als Maler von Stilleben präsentieren.

GEORGE ARMFIELD, um 1820–1893

ARMFIELD

TERRIER UND HASEN IM WALD
19. Jahrhundert

Terrier (wörtlich: Erdhunde) erhielten ihren Namen aufgrund des enormen Geschicks beim Aufgraben von Erdbauten. Bei Jagden verfolgten sie die Füchse oder Hasen, die sich in Erdhöhlen verkrochen hatten. Bauern hielten sich Terrier zur Bekämpfung von Ratten und anderen Schädlingen.

GEORGE ARMFIELD,
um 1820–1893

HANSEN

REITER, HUND UND FISCH
20. Jahrhundert

Hansens verspieltes Gemälde ist eine moderne Variation traditioneller Jagdszenen. In wildem Galopp verfolgen Reiter und Hund einen Fisch. Klassische Architekturelemente sowie die für die Zeit des amerikanischen Bürgerkrieges typische Uniform des Reiters unterstreichen den zeitlosen Charakter der Jagd.

GAYLEN HANSEN, geb. 1921

LANDSEER

ABBOTSFORD: JAGDHUNDE
1828

In Abbotsford lebte Walter Scott (1771–1832). Der Romancier umgab sich immer mit einer ganzen Schar von Hunden. Zu seinen Lieblingshunden gehörten Camp, ein schwarzbrauner Terrier, und Maida, ein riesiger Deerhound (Hirschhund), der seinen Kopf auf das Knie seines Herrn zu legen pflegte, während dieser schrieb. Das Gemälde zeigt die alt gewordene Maida mit einer Rüstung als Kissenersatz.

EDWIN LANDSEER, 1802–1873

DESPORTES

STILLEBEN MIT TOTEM WILD
UND JAGDHUNDEN
1730

Zunächst Porträtmaler am polnischen Hof, machte sich der von Ludwig XIV. (1638–1715) und Ludwig XV. (1710–1774) geförderte Desportes in Frankreich einen Namen mit seinen Bildern von Hunden, Wild und Jagdszenen.

ALEXANDRE-FRANCOIS DESPORTES, 1661–1743

RUBENS

MELEAGER UND ATALANTA
um 1635

In der Ilias heißt es, daß die Göttin Diana einen wilden Eber aussandte, um die Felder Kalydoniens zu verwüsten, da dessen König sie beleidigt hatte. Eine Jagdgesellschaft wurde zu Hilfe geschickt, an deren Spitze Meleager stand, der Sohn des Königs. Gemeinsam mit der Jägerin Atalanta, in die er sich verliebt hatte, erlegte Meleager den Eber und bot der Geliebten Kopf und Haut des Tieres zum Geschenk an. Rubens Gemälde zeigt Cupido, der bei der Übergabe der eigentümlichen Liebesgabe assistiert.

PETER PAUL RUBENS, 1577–1640

BOUCHER

DAPHNIS UND CHLOË
um 1747–1750

In der griechischen Mythologie ist Daphnis ein sizilianischer Hirte, der die Schäferdichtung erfand. Er war der Sohn des Hermes und einer Nymphe, der Gott Pan brachte ihm das Flötenspiel bei. Das Gemälde zeigt Daphnis mit Panflöte und Hund in der Pose des Schäfers, seine Geliebte Chloë im Arm haltend.

FRANÇOIS BOUCHER, 1703–1770

»›Ah, Sie müssen Hunde halten – herrliche Tiere – schlaue Geschöpfe – hatte selbst einmal einen – Hühnerhund – merkwürdiger Instinkt – gehe eines Tages auf den Anstand – trete in eine Umzäunung – pfeife – der Hund hält an – pfeife wieder – Ponto – rührt sich nicht – rufe nochmal – Ponto, Ponto – geht nicht von der Stelle – wie festgewurzelt – stiert auf ein Brett – sehe auf und sehe die Inschrift – lese die Inschrift – ›Der Wildhüter hat Befehl, alle Hunde, die er im Bereich dieser Umzäunung antrifft, totzuschießen‹ – wundervoller Hund – unschätzbarer Hund das – gewiß.‹

›In der Tat, das ist einzig in seiner Art‹, sagte Herr Pickwick. ›Erlauben Sie, daß ich mir's notieren darf?‹

›Gewiß, Sir, gewiß – können noch hundert Geschichtchen von demselben Tier haben ...‹«

CHARLES DICKENS, 1812–1870

EMMS
STUDIE MIT JAGDHUNDEN
19. Jahrhundert

Die Popularität der Fuchshunde erreichte im 18. Jahrhundert ihren Höhepunkt, als Füchse statt Rotwild die beliebteste Jagdbeute darstellten. Bis dahin war die Hetzjagd ein Privileg der Krone und des Hochadels gewesen, wenngleich ärmere Landadelige gelegentlich kleine Meuten besaßen, mit denen sie Füchse und Kaninchen jagten.

JOHN EMMS, 1843–1912

Jno Emms

WOODWARD

PORTRÄT DER LIEBLINGS-FUCHSHUNDE

um 1840

Vor dem Aufkommen der Fuchsjagden war der beliebteste Hund in Großbritannien der Talbot-Hound. Doch für die neue Form der Jagd brauchte man einen schnelleren Hund. Daher züchtete man durch gezielte Kreuzungen den Fuchshund. Erst im 19. Jahrhundert erhielt die Rasse ihre offizielle Anerkennung. Im übrigen gilt das Sprichwort: »Es gibt ebenso viele Meinungen wie Menschen und ebenso viele Rassen wie Hunde.«

THOMAS WOODWARD, 1801–1852

SARTORIUS

JAGDHUNDE IN BEWALDETER LANDSCHAFT

1785

Die Sartorius-Familie brachte drei Generationen von Malern hervor. Über John, den Ältesten, ist nur wenig bekannt. Sein Sohn Francis stellte regelmäßig in der Society of Artists und der Royal Academy aus. Der talentierteste allerdings war der Enkel John Nost Sartorius (1759–1828), der vor allem aufgrund seiner Darstellungen der Quorn- und Belvoir-Jagden bekannt wurde.

FRANCIS SARTORIUS, 1734–1804

»Einen Kopf wie eine Schlange
soll ein Windhund haben,
einen Hals wie ein Enterich,
Pfoten wie eine Katze,
einen Schwanz wie ein Ratte,
Flanken wie ein Pferd,
ein Rückgrat wie ein Hirsch.«

BUCH DES HL. ALBAN, 1486

ENGLAND
»WILD WOLF« BEI EINEM RENNEN
IM WHITE-CITY-STADIUM, LONDON
1950

Seit 1927 werden im White-City-Stadium im Westen Londons – Schauplatz der bedeutendsten Hunderennen Großbritanniens – Windhund-Rennen veranstaltet. Die Fotografie aus der *Picture Post* zeigt »Wild Wolf« beim Greyhound Derby von 1950. Diese in England gepflegte Form des Hunderennens geht auf den amerikanischen Geschäftsmann Charles Munn und den Brigadegeneral A. C. Critchley zurück, die auch die Greyhound Racing Association gründeten.

4

BARKER

EIN JACK-RUSSELL VOR EINEM KANINCHENBAU
um 1890

Dieser Terrierschlag geht auf Reverend John (»Jack«) Russell (gest. 1883) zurück. Bereits als Student in Oxford widmete er sich der Zucht von Hunden. Den Stammvater der neuen Rasse, den Hund »Trump«, hatte er 1819 einem Milchhändler abgekauft. Russell, Gründungsmitglied der 1873 ins Leben gerufenen britischen Züchtervereinigung Kennel-Club, war gefragter Juror bei Hundeschauen. Nach seinem Tod im Jahr 1883 kaufte der Prince of Wales Russells Lieblingsporträt von Trump, um es in Sandringham House auszustellen.

WRIGHT BARKER, 1864–1941

REINAGLE

NACHMITTÄGLICHE JAGD
um 1804

Reinagle, ein schottischer Maler ungarischer Herkunft, studierte an der Royal Academy und arbeitete anschließend in der Werkstatt des Porträtmalers Allan Ramsay (1713–1784). Seine Jagdszenen fanden große Anerkennung und wurden in der Zeitschrift *The Sportsman's Cabinet* abgedruckt. Reinagles Hauptwerk jedoch sind Landschaftsbilder.

PHILIP REINAGLE, 1749–1833

ALKEN

STIERHATZ

1820

Der Hund mag der beste Freund des Menschen sein, doch seine Treue hat man ihm nicht immer gedankt. Bei der Stierhatz etwa, einem besonders grausamen Sport, hetzte man die Hunde auf einen angebundenen Stier. Für dieses Spektakel wurden bevorzugt Bulldoggen eingesetzt, die außerordentlich kraftvoll zubeißen können und aufgrund ihrer tiefliegenden Nasenlöcher auch dann noch problemlos zu atmen vermögen, wenn sie sich in ihr Opfer verbissen haben.

HENRY ALKEN, 1785–1851

CARDON

FUTTERNEID

20. Jahrhundert

Cardons Gemälde illustriert das englische Idiom für »Neidhammel« – »dog in the manger« (wörtlich: Hund im Futtertrog) – auf höchst anschauliche Weise: ein vorwitziger Hund ärgert Kühe, indem er einen Futtertrog verteidigt, aus dem er selbst nicht einen Bissen nehmen würde.

CLAUDE CARDON, tätig 1892–1915

KAPITEL 2

Des Menschen bester Freund

MARAVILLAS CARRION

LOLITA

Treue und Zuverlässigkeit. Seit jeher gewährten die Menschen ihren Hunden Nahrung und Unterschlupf. Diese dankten es, indem sie das Lager ihrer Herren bewachten, ihnen bei der Jagd zur Seite standen und darüber hinaus bedingungslose Treue entgegenbrachten.

HANSEN
ROTER HUND

Die selbstlose Ergebenheit des Hundes bildete im Verlauf der Jahrhunderte immer wieder ein Thema für Künstler und Schriftsteller. Der berühmteste Bericht der Antike über die Treue eines Hundes findet sich in Homers *Odyssee*. Odysseus kehrt nach jahrelanger Abwesenheit in seine Heimat zurück. Um herauszufinden, ob seine Frau ihm die Treue gehalten hat, trägt er das Gewand eines Bettlers. So überzeugend ge-

STUBBS
SPANISCHER POINTER
(AUSSCHNITT)

ALDIN
VOR DEM SPRUNG

lingt seine Verkleidung, daß ihm die Freunde, als er sein Haus betritt, nur mit Verachtung begegnen. Ein einziges Lebewesen allerdings erkennt ihn sofort – sein treuer Hund Argus. Vernachlässigt, von Läusen geplagt und kaum noch in der Lage, sich zu bewegen, wedelt der Hund beim Anblick seines Herrn freudig mit dem Schwanz, ehe er an Altersschwäche stirbt.

Geschichten wie diese finden sich in nahezu allen Kulturen. Häufig erzählen sie sentimental von der herzlosen Behandlung, die den Tieren im Gegenzug für ihre unerschütterliche Treue widerfährt. Auch für die Malerei war das Motiv des treuen Hundes reizvoll, vor allem im 19. Jahrhundert, als sich Künstler vom Range Edwin Landseers (1802–1873) damit auseinandersetzten. In den Händen minder talentierter Künstler geriet die Gestaltung des Themas allerdings allzuoft kitschig und manieriert, selbst wenn tatsächliche Begebenheiten zugrundelagen.

LANDSEER
ALTER MANN MIT HUND

Die berühmteste dieser wahren Geschichten trug sich in Edinburgh zu. Regelmäßig suchte ein Schäfer namens John Gray mit seinem Skyeterrier »Bobby« den dort abgehaltenen Markt auf. Als Gray 1858 starb und auf dem Greyfriars-Friedhof beerdigt wurde, weigerte sich »Bobby«, von der Seite des toten Herrn zu weichen. Vierzehn Jahre lang harrte er neben dem Grab aus und verließ es lediglich zur Mittagszeit, um in einem nahen Gasthaus, in dem John Gray regelmäßig eingekehrt war, zu fressen.

ARCHER
UM SEINEN JUNGEN HERRN TRAUERNDER HUND

Mit den Jahren brachte es »Bobby von Greyfriars« in Schottland zu einiger Berühmtheit, und nach seinem Tod im Jahre 1872 errichtete man ihm zu Ehren an der Friedhofspforte ein Denkmal. Ein ähnliches Monument findet sich in Tokio, es erinnert an Hachiko, einen japanischen Akita, der neun Jahre lang an der Seite seines verstorbenen Herrn wachte.

USA
CHESTER CONKLIN
UND SEIN HUND

Ein neueres und nicht weniger bekanntes Bild von der Treue eines Hundes fand ausgerechnet im Zuge einer Reklameaktion weltweite Verbreitung. Nachdem sich der eher unbedeutende Maler Francis Barraud (1856–1924) bereiterklärt hatte, für den Hund seines früh verstorbenen Bruders zu sorgen, begeisterete er sich so sehr für den aufgeweckten kleinen Terrier mit Namen »Nipper«, daß er beschloß, ihn zu malen, während dieser der auf einer Schallplatte aufgenommenen Stimme seines toten Herrn lauschte. Das fertige Bild mit dem Titel *His Master's Voice (Die Stimme seines Herrn)* reichte er zur Ausstellung in der Royal Academy ein – aber es wurde abgelehnt. Barraud verkaufte die Arbeit 1899 an die Gramophone Company. Heute ist es auf der ganzen Welt als das Firmenlogo von HMV bekannt. Es steht für die authentische Klangqualität des Produkts und für die Treue des Hundes, der auf seinen Herrn hört.

ENGLAND
TREUE FREUNDE

HANSEN

ROTER HUND
1981

Inspiriert von Rousseaus »Schlafende Zigeunerin« stellt Hansens Bild den Betrachter vor ein verwirrendes Rätsel: Stellt das riesige hundegleiche Wesen einen wilden Wolf dar, bereit, die bärtige Gestalt anzugreifen? Oder handelt es sich einfach um ein treues Haustier, das seine Zuneigung in einem eher unpassenden Augenblick zeigt?

GAYLEN HANSEN, geb. 1921

GAUGUIN

PASTORALES TAHITIENNES (AUSSCHNITT)
1893

In vielen seiner tahitianischen Bilder schafft Gauguin die Vision eines irdischen Paradieses. Männer, Frauen und Tiere leben hier in vollkommener Harmonie mit der sie umgebenden Natur. Auch in diesem Garten Eden kommt dem Hund, dem engstem Begleiter des Menschen, zentrale Bedeutung zu.

PAUL GAUGUIN, 1848–1903

»Ihr war, als ob ihr
das Herz stillstände;
sie konnte nicht rufen,
und in diesem Augenblick
huschte was an ihr
vorbei, und die nach dem
Flur hinausführende Tür
sprang auf. Aber eben
dieser Moment höchster
Angst war auch der ihrer
Befreiung, denn statt
etwas Schrecklichem kam
jetzt Rollo auf sie zu,
suchte mit seinem Kopf
nach ihrer Hand und
legte sich, als er diese
gefunden, auf den vor
ihrem Bett ausgebrei-
teten Teppich nieder.«

THEODOR FONTANE
(EFFI BRIEST), 1819–1898

ALDIN
VOR DEM SPRUNG
20. Jahrhundert

Aldins Interesse an Hunden beruht auf seiner Leidenschaft für die Jagd (er war Master of Foxhounds). Bekanntheit erlangte er aber vor allem durch seine humoristischen Illustrationen, in denen die Hunde menschliche Züge tragen. Die abgetragenen Hausschuhe und die wie ein blaues Auge wirkende schwarze Gesichtszeichnung des Welpen akzentuieren die Aussage dieses Bildes.

CECIL ALDIN, 1870–1935

CALLIS
OHNE TITEL
1998

Die hervorragend ausgeführte Arbeit zeigt den Hund in einer sehr natürlichen Haltung – mit heraushängender Zunge und sabbernd. Da Hunde nur an den Pfoten über Schweißdrüsen verfügen, müssen sie mit geöffneter Schnauze hecheln, um ihre Körpertemperatur zu regulieren.

JO ANN CALLIS, geb. 1940

PIERO DI COSIMO
CEPHALUS UND PROCRIS
um 1510

Der Satyr Cephalus und seine Geliebte, die Nymphe Procris, waren glücklich miteinander, bis die Göttin Diana den Satyr erblickte und für sich begehrte. Doch er verschmähte ihre Liebe und ließ die Göttin in rasender Eifersucht zurück. Durch eine List sorgte sie dafür, daß Cephalus seine geliebte Procris versehentlich tötete. Das Gemälde zeigt ihn in seiner Trauer um die Geliebte. Ein mitfühlender Hund beobachtet ihn und unterstreicht so den Eindruck, daß die tierische Natur eines Satyrs zu ebenso tiefen Gefühlen fähig ist wie die menschliche.

PIERO DI COSIMO, um 1462–1521

ARCHER

UM SEINEN JUNGEN HERRN
TRAUERNDER HUND
1896

Landseers Arbeiten *(siehe rechts)* fanden unzählige weniger begabte Nachahmer. Archers Bild zeigt einen mit gesenktem Kopf an einer leeren Wiege sitzenden Labrador. Die verstreuten Blütenblätter sind ein weiteres Indiz dafür, daß man hier den Tod eines Kindes betrauert.

A. ARCHER, tätig 1860–1896

LANDSEER

DES ALTEN SCHÄFERS LETZTER TRAUERGAST
um 1837

Eines von Landseers berühmtesten Bildern. Hier sucht er die enge Verbindung sichtbar zu machen, die zwischen einem Menschen und seinem Hund bestehen kann. Alle Trauergäste sind bereits gegangen, nur der Hund ist zurückgeblieben, nicht bereit, sich von seinem Herrn zu trennen. Das Leben eines Schäfers konnte, wie der spartanische Bildhintergrund andeutet, sehr einsam sein. Sein engster Begleiter war nicht selten der Hund, der half, die Herde zusammenzuhalten.

EDWIN LANDSEER, 1802–1873

ANGUISSOLA

KNABE MIT HUND

16. Jahrhundert

Hunde, die Kindern der gehobenen Stände als Spielkameraden zur Seite gestellt wurden, mußten ausgesprochen geduldig sein. Dieses Tier scheint sogar zu lächeln, während sein junger Herr versucht, auf seinen Rücken zu klettern. Die Rasse ist ganz außergewöhnlich: Während der Kopf an einen zu groß geratenen Spaniel erinnert, stammt der geschorene Schwanz wohl von einem Pudel.

SOFONISBA ANGUISSOLA, 1527–1625

VAN DYCK

DIE KINDER KARLS I.

1637

Das Kind in der Bildmitte, die Hand auf dem riesigen Mastiff, ist der künftige König Karl II. (1630–1685). Dem passionierten Hundeliebhaber verdankt ein Spanielschlag – der King Charles – seinen Namen. Einige seiner Untertanen mißbilligten seine Leidenschaft. Samuel Pepys etwa vermerkt in seinem Tagebuch, der König ziehe die Hunde seinen königlichen Pflichten vor.

WERKSTATT VON ANTHONIS VAN DYCK, 1599–1641

MUYBRIDGE

LAUFENDER HUND

1887

Die Fotos sind *Animal Locomotion* entnommen, Muybridges bahnbrechender Studie zum Bewegungsablauf bei Tieren. Seit dem Jahr 1872 interessierte sich Muybridge für das Thema, als ihn der Gouverneur von Kalifornien bat, mittels Fotografien die Streitfrage zu klären, ob ein Pferd im Galopp zu irgendeinem Zeitpunkt alle vier Hufen gleichzeitig in der Luft habe. Diese Frage hatte zuvor bereits zahlreiche Künstler beschäftigt, und Muybridges Erkenntnisse kamen

»Auch der größte Hund war einmal ein Welpe.«

JOAQUIN MILLER, 1839–1913

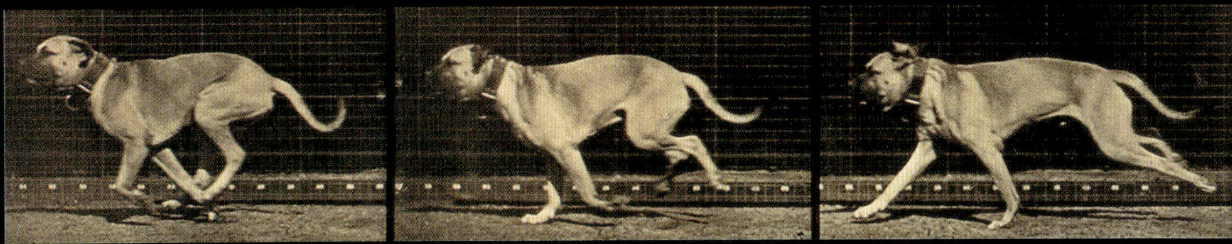

TRÜBNER

HUND UND WURST
(CÄSAR AM RUBIKON)
1878

Die Versuchung ist wahrhaftig groß. Ein Haushund hat eine Delikatesse entdeckt und steht nun – wie der Untertitel andeutet – vor einer höchst bedeutsamen Entscheidung. Es bedarf nur eines einzigen Sprungs, um die Wurst zu erreichen, aber lohnt es auch angesichts des zu erwartenden Ärgers?

WILHELM TRÜBNER, 1851–1917

HANSEN

HUND MIT KNOCHEN
1985

In der freien Wildbahn lebende Hunde und Wölfe vergraben bisweilen einen Teil ihrer Nahrung, insbesondere Knochen, die sie nicht sofort auffressen. Das schützt die Beute nicht nur vor Freßfeinden, sondern auch vor Fliegen. Der spezielle »Knochen« ähnelt einem menschlichen Schädel, wodurch das Bild eine weitere Bedeutungsebene erhält.

GAYLEN HANSEN, geb. 1921

»Aber er antwortete, und sprach: Das ist nicht fein, daß man den Kindern ihr Brot nehme und werfe es vor die Hunde. Sie sprach: Ja, Herr; aber doch essen die Hündlein von den Brotsamlein, die von ihrer Herren Tische fallen.«

MATTHÄUS 15,26–27

»Ich habe noch nie einen hinterlistigen Menschen mit einem treuen Hund kennengelernt.«

JAMES GARDNER, 1840–1900

STERN

WAHRE LIEBE

1989

Sterns Hund blickt seine Herrin mit bedingungsloser Liebe an und versichert ihr damit ohne Worte, daß er sie durch alle Höhen und Tiefen des Lebens begleiten wird. Die über den tiefblauen Hintergrund verstreuten Herzformen verstärken diesen Eindruck.

PIA STERN, geb. 1952

CHADWICK

LA VIE SILENCIEUSE

1996

Der begeisterte Globetrotter Chadwick genießt es, fremde Stimmungen in sich aufzunehmen. Hier porträtierte er einen jungen Mann und dessen Hund, die sich in einem Pariser Straßencafé ein paar Augenblicke der Ruhe gönnen.

GREGG CHADWICK, geb. 1959

»Des reichen Mannes Beschützer,
des armen Mannes Freund,
mit seinem Herrn
auf ewig treu vereint.«

GEORGE CRABBE, 1755–1832

HERBERG
OH VINCENT OH
1997

Der hier angerufene Vincent ist natürlich Vincent van Gogh (1853–1890). Den Bildhintergrund bildet ein Pastiche von *Sternennacht* (1889), einem der bekanntesten Gemälde des Holländers. Auch die an eine züngelnde Flamme erinnernde Zypresse verweist auf die Arbeiten van Goghs.

MAYDE MEIERS HERBERG, geb. 1946

DEUTSCHLAND

WINDSPIEL FRIEDRICHS DES GROSSEN

18. Jahrhundert

Italienische Windspiele erfreuten sich an den Herrscherhöfen Europas außerordentlich großer Beliebtheit. Königin Viktoria, Karl I., Katharina die Große, die schottische Königin Maria sowie Anne von Dänemark besaßen Hunde dieser Rasse. Der hier porträtierte Hund gehörte Friedrich dem Großen (1712–86). In königlicher Haltung posiert er auf einem Samtkissen, das verzierte Halsband zeigt den Namen seines Herrn.

ROMERO
TOTO
1984

Das Aufkommen der Fotografie brachte den Markt für gemalte Hundeporträts beinahe zum Erliegen. Zweifellos lieferte der Fotoapparat die genaueren Abbilder; in deutlicher Abgrenzung dazu ließen sich moderne Künstler von der naiven Kunst oder Gebrauchsmalerei inspirieren, um ihren Bildern Einfachheit und Frische zu verleihen.

FRANK ROMERO, geb. 1941

»Wenn der alte Hund
zu bellen beginnt,
sollte man sich in acht nehmen.«

LATEINISCHES SPRICHWORT

ENGLAND
TERRIER AUF EINEM KISSEN
19. Jahrhundert

Während Künstler wie Stubbs und Landseer den gehobenen Bereich der Tierporträtmalerei abdeckten, gehen die meisten Hundedarstellungen auf umherreisende Maler zurück, die ihren Lebensunterhalt mit dem Anfertigen von Wirtshausschildern oder dem Bemalen von Kutschen bestritten. Obwohl ihre Arbeiten nur von geringem künstlerischen Wert sein mögen, vermitteln sie einen Eindruck von den Hunderassen, die sich die weniger wohlhabenden Schichten gemeinhin hielten.

BROWN

VIER PERSONEN MIT HUND

BEI SONNENUNTERGANG

1993

Brown lebt in San Francisco, und idyllische Szenen an der Pazifikküste prägen sein Werk. Hier legt sich die untergehende Sonne wie ein Heiligenschein um den Kopf des Hundes, während mindestens einer der Badenden in der Lage zu sein scheint, übers Wasser wandeln zu können.

THEOPHILUS BROWN, geb. 1919

CARRION

DORLIS BAD

1999

Haushunde teilen beinahe alles mit ihrem Herrn– wenn auch vielleicht nicht gerade das Badewasser. Recht ungeschickt hält eine der Frauen auf Carrions Bild ihren Dackel, bevor sie ihn in die Wanne tauchen wird – und zeigt so »beispielhaft«, wie man ein Tier nicht hochheben sollte.

MARAVILLAS CARRION, geb. 1968

»Wenn du mich lieben willst, so liebe meinen Hund.«

ST. BERNHARD VON CLAIRVAUX,
1090–1153

JAMES
AFTER L. A. NO. 11
1989

Nach einer erfolgreichen Ausstellung in Los Angeles fertigte James eine Reihe von Gemälden seiner Hunde an. Einer seiner Lieblinge bevorzugt offenbar die Rückenlehne eines Sessels, von dem anderen, zu Füßen der Frau sitzend, sind nur die Ohren zu sehen.

CHRISTOPHER JAMES, geb. 1947

Folgende Seite
STUBBS
SPANISCHER POINTER
(AUSSCHNITT)
18. Jahrhundert

Der Spanische Vorstehhund oder Pointer ist schwerer und deshalb weniger beweglich als sein englisches Pendant. Den Namen verdanken diese Jagdhunde ihrem ungewöhnlichen Jagdverhalten. Sobald der Vorstehhund Wild aufgestöbert hat, senkt er seinen Kopf und bleibt vollkommen reglos vor der Beute stehen. Sein ganzer Körper bildet eine gerade Linie, die auf das Wild »zeigend« verharrt (engl. »to point«). Falls nötig, kann der Hund in dieser Haltung relativ lange ausharren.

GEORGE STUBBS, 1724–1806

ROM
CAVE CANEM
1. Jahrhundert

Hunde dienen ihren Herren nicht nur zur Kurzweil, vielmehr galten sie schon in der Antike als vorzügliche Wächter. In den Ruinen von Pompeji entdeckten Archäologen eine Serie beeindruckender Mosaiken. In die Fußböden der Eingangshallen verschiedener Villen eingelassen, verdeutlichen sie immer wieder das Motiv eines kläffenden Hundes mit der beigefügten Warnung *Cave Canem* (»Hüte dich vor dem Hunde«).

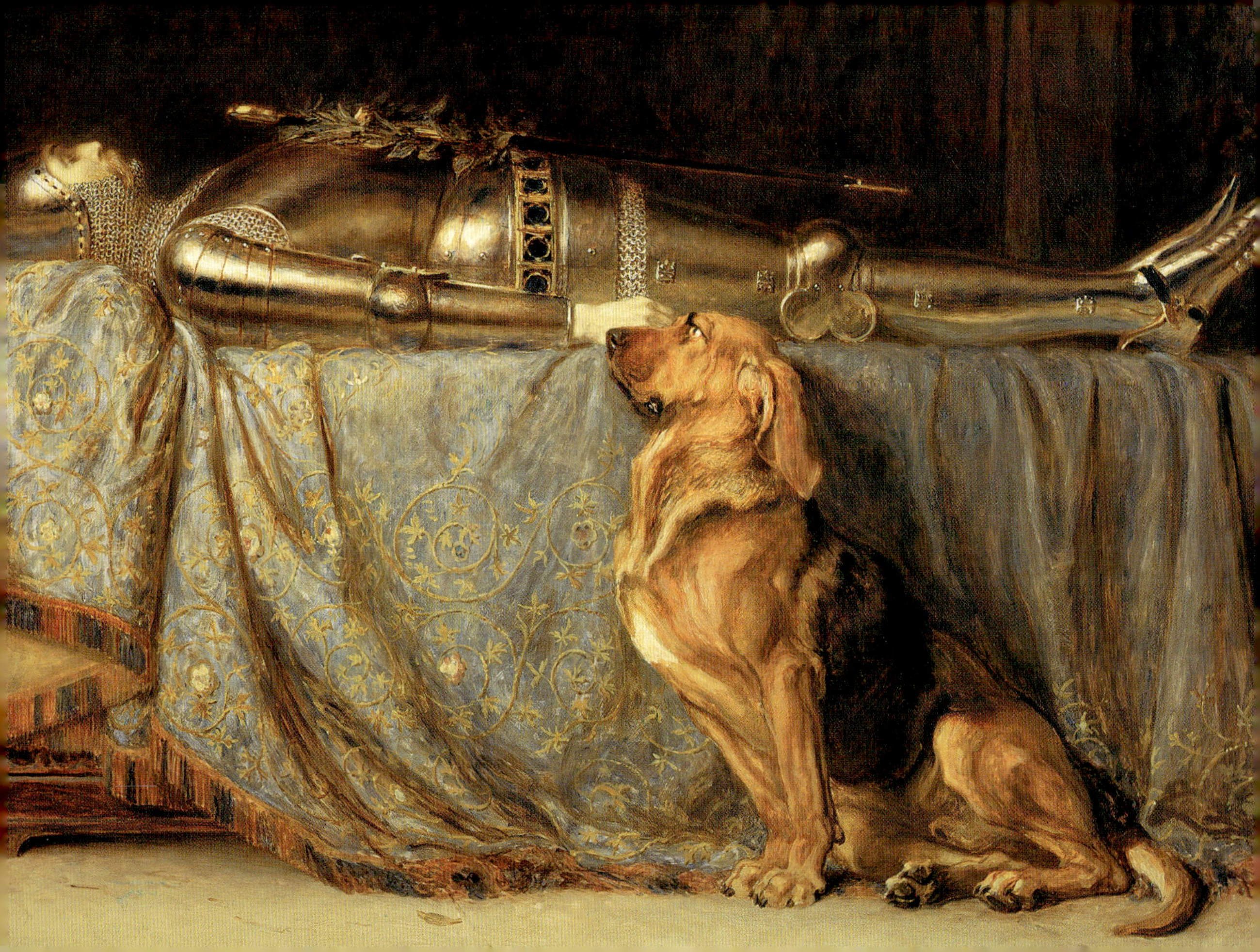

RIVIÈRE
REQUIESCAT
1889

Darstellungen von Hunden finden sich auch auf vielen mittelalterlichen Grabbildnissen, meist liegen sie zusammengerollt zu Füßen ihres Herrn. Rivières Variation dieses Motivs reflektiert sowohl das im Viktorianismus wieder aufkommende Interesse am Mittelalter als auch die Begeisterung für Erzählungen von ihren Herren loyal ergebenen Hunden. Ein treuer Bluthund sitzt neben dem Leichnam seines Herrn und winselt dabei ein stilles Gebet (»Resquiescat« ist ein Gebet für die Seele des Verstorbenen).

BRITON RIVIÈRE, 1840–1920

»Wer durch Zufall
diese einfache Urne erblickt,
er gehe weiter – sie ehret niemanden,
den er beklagen wollte.
Um die sterblichen Überreste
eines Freundes zu bezeichnen,
wurden diese Steine aufgeführt.
Ich kannte nur den einen –
der nun hier liegt.«

EPITAPH FÜR SEINEN HUND BOATSWAIN (BOOTSMANN), LORD BYRON, 1788–1824

BURNE-JONES
DIE GRUFT VON TRISTAN UND ISOLDE (AUSSCHNITT)
1862

Hunde spielen eine bedeutende Rolle in der Legende dieser verhängnisvollen Liebe. Tristan schenkte Isolde einen Hund als Liebesgabe. Das Tier erkannte ihn, als er verkleidet zu ihr zurückkehrte.

EDWARD BURNE-JONES, 1833–1898

ENGLAND

MRS. FIELDER FÜHRT IHRE HUNDE IM BROCKWELL-PARK SPAZIEREN

um 1915

Hunde legen ihren Haltern gewisse Pflichten auf, auch wenn sie nicht als Jagd- oder Windhunde eingesetzt werden. Sie brauchen regelmäßig Bewegung. Diese modebewußte Dame hat sich dem Anlaß entsprechend gekleidet. Das Verhalten ihrer Hunde läßt auf eine gute Ausbildung schließen, denn sie laufen dicht nebeneinander.

FLAMENG

ELEGANTE DAME AN DER SEE

1920

Auch Hunderassen unterliegen der Mode, und immer wieder gelten bestimmte Hunde in manchen Zeiten als besonders en vogue. Im *Art Deco* mit seiner Vorliebe für Stromlinienformen bevorzugte man Hunde mit schnittigen Körpern. Eine Frau, die auf ihre äußere Erscheinung Wert legte, durfte sich nur mit einem Borsoi, einem Saluki oder einem Windhund sehen lassen.

FRANÇOIS FLAMENG, 1856–1923

STEVENS
SZENE IM CAFÉ
um 1910

Manche Hundebesitzer bringen ihren Hunden allerlei kleine Tricks bei. Der Schlüssel zu derartigen Albernheiten ist die Belohnung. In Erwartung eines Leckerbissens findet sich dieser kleine Hund bereit, auf den Hinterpfoten zu balancieren.

GUSTAV MAX STEVENS, 1871–1946

GRAU
EN FAMILLE
um 1900

Gegen Ende des 19. Jahrhunderts hatte sich die noch heute übliche Rolle des Hundes allgemein durchgesetzt. Hunde waren nun nicht mehr nur Jagdhunde oder auf ihre Rolle als Spielgefährten für die Kinder beschränkt, sondern wurden Teil der Familie, selbstverständliche Begleiter bei allen Unternehmungen.

GUSTAVE-ADOLPH GRAU, 1873–1919

»Keine Beleidigung würde mich so hart treffen wie ein mißtrauischer Blick von einem meiner Hunde.«

JAMES GARDNER, 1840–1900

JOY

SCHULWEG

1860

Ein elegant gekleidetes Mädchen wird auf dem Weg zur Schule von einem Cairnterrier begleitet. Die Rasse stammt aus Schottland und ist mit dem Skye- und dem West-Highland-White-Terrier verwandt. Ursprünglich für die Jagd auf Füchse, Dachse und Otter gezüchtet, eroberte sich der Terrier inzwischen einen festen Platz als Gesellschaftshund, der – wie das Schulmädchen auf dem Bild offensichtlich weiß – nicht gern allein gelassen wird.

THOMAS MUSGRAVE JOY, 1812–1866

VASNETSOV

UMZUGSTAG

1876

Hunde sind auch treue Begleiter der Menschen, die am unteren Ende der sozialen Leiter leben. Der Titel des Bildes bezieht sich auf ein Landstreicherpaar, für das jeder Tag ein »Umzugstag« ist. Die gesamte Habe der beiden befindet sich in einem verschlissenen Sack, doch ihr Hund wird sie nicht verlassen.

VICTOR VASNETSOV, 1848–1926

»Wenn man Montmorency ansieht, könnte man glauben, er sei ein auf die Erde gesandter Engel, der aus irgendeinem Grunde nicht menschliche Gestalt, sondern die eines kleinen Foxterriers angenommen hat. Montmorency hat so einen Oh-wie-schlecht-ist-doch-die-Welt-könnte-ich-doch-nur-etwas-tun-um-sie-besser-und-edler-zu-machen-Blick, der selbst frommen Ladys und Gentlemen schon die Tränen in die Augen getrieben hat.«

JEROME K. JEROME, 1859–1927

STONE

EIN HÜBSCHES FLECKCHEN AN DER THEMSE

1863

Bootsfahrten gehörten zu den beliebtesten Freizeitvergnügungen der Mittelklasse im viktorianischen England. Diese idyllische Szene zeigt eine Gruppe junger Leute, die eine Flußpartie nahe Oxford unternehmen. Hunde mit auf den Fluß zu nehmen, kam gegen Ende des Jahrhunderts in Mode, vor allem nach der Veröffentlichung von Jerome K. Jeromes Roman *Drei Mann in einem Boot* (1889), in dem unter anderem die nautischen Abenteuer eines Hundes namens »Montmorency« geschildert werden.

MARCUS STONE, 1840–1921

»Ich habe des öfteren darüber nachgedacht, warum Hunde ein derart kurzes Leben haben, und bin zu dem Schluß gekommen, daß dies aus Mitleid mit der menschlichen Rasse geschieht; denn da wir bereits derart leiden, wenn wir einen Hund nach zehn oder zwölf Jahren verlieren, wie groß wäre der Schmerz, wenn sie doppelt so lange lebten?«

WALTER SCOTT, 1771–1832

USA

CHESTER CONKLIN
UND SEIN HUND
um 1935

Conklin (1888–1971), ein Veteran der Stummfilmkomödien Hollywoods, trat als Star in den von Mack Sennett in den Keystone Studios gedrehten Filmen auf. Auf diesem Reklamefoto assistiert ihm sein Hund bei der Prüfung des Skripts für einen neuen Film mit W. C. Fields (1880–1946).

LANDSEER

ALTER MANN MIT HUND
19. Jahrhundert

Landseers Gemälde zeigen Hunde in allen Lebenslagen, und die Skala ihrer Herren reicht von Königen bis zu den Bewohnern ärmlichster Hütten. Auf vielen seiner Bilder zeigt der Künstler, wie sehr sich der Hund den Lebensgewohnheiten seines Besitzers anzupassen vermag. Hier scheint das Tier in einer ebenso nachdenklichen Stimmung wie sein Herr.

EDWIN LANDSEER, 1802–1873

MEISTER VON MOULINS

DIE GEBURT CHRISTI
um 1480

In der Renaissance ließ sich ein Mäzen, der ein Kirchengemälde in Auftrag gegeben hatte, häufig auch auf dem Bild verewigen, um seiner Frömmigkeit sinnlichen Ausdruck zu verleihen. Hier zum Beispiel erhielt der Auftraggeber – Kardinal Rolin – einen Platz relativ dicht neben der Krippe. Damit steht er dem Geschehen sogar näher als die bereits in der Bibel erwähnten Hirten. Natürlich wurde auch der Hund des Kardinals verewigt. Auf dem Saum der Robe seines Herrn sitzend, verfolgt er aufmerksam die Szene.

MEISTER VON MOULINS, tätig um 1480–1500

LIÉDET

DER GARTEN DER LIEBE
um 1460

Im 15. Jahrhundert erfreuten sich Windhunde nicht nur bei der Jagd, sondern auch als Begleiter adeliger Damen größter Beliebtheit, so daß die Anwesenheit des eleganten weißen Hundes in der hier dargestellten Szene ganz natürlich erscheint. Darüber hinaus symbolisiert er die unter den Liebenden herrschende Treue.

LOYSET LIÉDET, tätig 1460–1478

ENGLAND

TREUE FREUNDE

19. Jahrhundert

Das viktorianische England hatte ein Faible für sentimentale Darstellungen von Hunden und Kindern – eine Vorliebe, die sich sowohl in der bildenden Kunst als auch in der Literatur der Zeit widerspiegelt. Dabei galten Hunde nicht nur als beste Freunde des Menschen, man wies ihnen zuweilen sogar die Rolle von Ersatzeltern zu. Der riesige Hund auf diesem Bild trägt eindeutig väterliche Züge.

ROMNEY

PORTRÄT

DER VERNON-KINDER

18. Jahrhundert

Kinder wurden häufig gemeinsam mit ihren Hunden porträtiert, und es war für die Künstler eine Herausforderung, immer neue Formen der Komposition zu finden. Auf diesem Bild erscheinen die ernst dreinblickenden Kinder in den Rollen von Erwachsenen: der Junge spielt Soldat, während seine Schwester eine mütterliche Pose einnimmt. In einer vollkommen natürlich erscheinenden Bewegung springt der Hund an dem Mädchen hoch, um sich Aufmerksamkeit zu verschaffen.

GEORGE ROMNEY, 1734–1802

»Einen Schriftsteller zu fragen, was er von Kritikern hält, ist als ob man von einem Laternenpfahl wissen wollte, wie er zu Hunden steht.«

CHRISTOPHER HAMPTON, GEB. 1946

CHAPMAN
THE SPIRITED LIFE
1991

Chapmans farbenfrohes Bild stellt die Welt aus der Sicht eines Hundes dar. Es finden sich weder Menschen noch Gebäude, dafür aber Autos, denen man hinterher jagen kann, Bürgersteige, die es zu untersuchen gilt, Hydranten, an denen sich schnüffeln läßt und – hochinteressant – ein riesiger Laternenpfahl.

MICHAEL CHAPMAN, geb. 1957

PURDY
APPORT
1985

Purdys Hang zum schwarzen Humor ist nicht zu übersehen. Ein Mann stellt die bedingungslose Treue seines Hundes auf die Probe, indem er vom Dach eines Hochhauses einen Gegenstand wirft, den das arme Tier apportieren soll.

GERALD PURDY, geb. 1930

WARNER
RETRIEVER
1993

Die weite, offene Landschaft Montanas bildet den Hintergrund für viele der Arbeiten Warners. Hier sitzt sein treuer Hund geduldig Modell, nicht ohne den Eindruck zu erwecken, daß er das Apportieren von Stöckchen für weitaus sinnvoller als das Malen hält.

CHRISTOPHER WARNER, geb. 1953

HAGER
MÄDCHEN MIT HUND
1998

Kaum ein Künstler kann der Versuchung widerstehen, in seinen Gemälden eine gewisse Ähnlichkeit zwischen Hund und Besitzer herauszuarbeiten. Die lange, knochige Nase der jungen Frau findet ihr Pendant in der Schnauze des Dackels, ihre große, schlanke Gestalt spiegelt sich im eleganten Körper des Tieres wider. Einzig die Pfoten des Hundes können einem Vergleich mit den unglaublich langen Fingern der Herrin nicht standhalten.

THOMAS HAGER, geb. 1965

ONG

FRAU MIT HUND

1997

Ongs farbige Zeichnung zeigt den Hund in einem vollkommen anderen Licht. Während er bei Hager den Betrachter keck und aufmerksam anschaut, ruht Ongs Dachshund reglos im Schoß seiner Herrin. Die Arbeit erinnert an traditionelle Darstellungen von Mutterschaft, nicht zuletzt an die der Jungfrau Maria mit dem Jesuskind.

DIANA ONG, geb. 1940

KAPITEL 3

Wilde Hunde

LEONARD KOSCIANSKI

IM WALD GEFANGEN

Nur wenig trennt den Haushund von seinen wilden Verwandten, denn die vier Hauptzweige der Familie der Hundeartigen (Canidae) – Wölfe, Füchse, Schakale und Hunde – teilen eine Reihe gemeinsamer Merkmale. Sie verfügen über ein kräftiges Gebiß, sind vorwiegend Fleischfresser, leben in Rudeln, und die Tragezeit der Weibchen ist sehr ähnlich. Wolf und Hund etwa ähneln einander so, daß sie sich leicht miteinander kreuzen lassen. Zwischen Hunden und Schakalen bzw. Füchsen dagegen sind zwar Kreuzungen biologisch möglich, aber äußerst selten.

KOSCIANSKI
KEHLE

BALOG
KOJOTE

Neben diesen vier Hauptgruppen zählt noch eine Reihe von Zwischenrassen zu den Canidae, »Wildhunde« genannt. Dazu gehören der australische Dingo, der Kojote oder Präriewolf, der asiatische Rothund und der afrikanische Hyänenhund. Viele dieser Wildhunde leben in der Nähe menschlicher Ansiedlungen und ernähren sich zuweilen von Abfällen. Sie lassen sich auch als Jagdhunde einsetzen. Einige Experten gehen davon aus, daß der afrikanische Hyänenhund identisch mit der Hunderasse ist, die bereits im antiken Ägypten und in Assyrien zur Jagd verwendet wurde. Trotz der bestehenden engen Verbindung zum Haushund lassen sich Wildhunde nicht domestizieren. Dingos zum Beispiel leben und jagen zwar an der Seite der australischen Aborigines, ziehen sich aber für die Paarungszeit in die Wildnis zurück.

GRIECHENLAND
DER TOD DES AKTÄON

CRANE
ROTKÄPPCHEN

Wenn sie dazu angespornt werden, können auch Haushunde die gleiche Wildheit an den Tag legen wie ihre Vorfahren, weshalb sie im Laufe der Jahrhunderte immer wieder in kriegerischen Auseinandersetzungen eingesetzt wurden. Herodot (um 490–425 v. Chr.) berichtet von einer Schlacht

LANFIELD
DER HUND VON
BASKERVILLE

zwischen Päoniern und Perinthern, »Mann gegen Mann, Pferd gegen Pferd, Hund gegen Hund«, während Plinius dem Älteren (um 23–79 n. Chr.) zufolge die Garamanten, ein in der Sahara lebendes Nomadenvolk, ihre Lager wie auch ihren König von Hunden beschützen ließen. Die Gallier wiederum legten ihren Kriegshunden mit Stacheln versehene Rüstungen an und hetzten sie auf die Reiterei des Feindes, damit sie die Läufe der gegnerischen Pferde verletzten.

Der vielleicht berühmteste dieser Kriegshunde hieß »Boye« und stand seinem Herrn, Prinz Rupert (1619–1682), in allen Schlachten des englischen Bürgerkriegs zur Seite. Boye, ein weißer Pudel, avancierte zum Symbol der royalistischen Kampfkraft, weshalb ihn die Gegenseite mit einem Dämon verglichen (»nicht besser als eine Hexe in Gestalt eines weißen Hundes«) und in Jubel ausbrachen, als er in der Schlacht von Marston Moor am 2. Juli 1644 getötet wurde.

Auch in Friedenszeiten versetzten »wilde« Hunde die Menschen in Angst und Schrecken, etwa wenn sie tollwütig waren. Die furchterregenden Symptome dieser Krankheit gaben Anlaß zu den verschiedensten, oft mythischen Erklärungen. Die alten Griechen glaubten, tollwütige Hunde seien von Geistern besessen, während die frühen Christen sie für Inkarnationen des Teufels hielten. Andere schrieben die Krankheitssymptome dem Wetter zu. Die Römer bezeichneten den Hochsommer als *dies caniculares* (Hundstage: 3. Juli bis 11. August), da sie glaubten, die Sonnenstrahlung werde durch Sirius, den Hundsstern, intensiviert, und viele glaubten, die Hitze sei am unkontrollierten Verhalten der Hunde schuld. So untersagte man im viktorianischen England Hundebesitzern, ihre Tiere während dieser Zeit frei umherlaufen zu lassen.

FRANKREICH
EINE RUSSISCHE HOCHZEITSGESELLSCHAFT WIRD VON WÖLFEN ANGEGRIFFEN

BUSBY
TOLLWÜTIGER HUND

»In Bangkok um zwölf Uhr mittags rennen sie umher, Schaum vor dem Mund. In der Mittagssonne vor die Tür zu gehen, auf solche Gedanken kommen nur Engländer oder ein tollwütiger Hund.«

NOEL COWARD, 1899–1973

HUSH

ZÄHNE FLETSCHENDER HUND HINTER EINEM DRAHTZAUN

20. Jahrhundert

Die lautlichen Äußerungen von Hunden sind deutlich voneinander abgegrenzt. Ein bellender Hund »ruft« nach Unterstützung und wird nur selten angreifen; ein knurrender Hund ist sich seines Territoriums zwar nicht sicher, doch Vorsicht ist geboten; ein die Zähne fletschender Hund dagegen bedeutet Gefahr, ihm sollte man aus dem Wege gehen; ein entschiedener Angriff erfolgt meist vollkommen lautlos.

GARY HUSH, 20. Jahrhundert

HANSEN

BEGEGNUNG

1979

Dieser vom Licht des Mondes beschienenen Szene haftet etwas ebenso Komisches wie Zweideutiges an. Ein riesiger Hund springt einen bärtigen Fremden an und wird nur ungenügend von seinem Herrn zurückgehalten. Handelt es sich um eine fröhliche, überschwengliche Begrüßung oder reißt der Mann seine Arme hoch, um sich vor einem Angriff zu schützen?

GAYLEN HANSEN, geb. 1921

ALMARAZ
HABGIER
1985

In seinem typischen farbenfrohen Stil setzt Almaraz die Sünde der Habgier in Szene. Zähnefletschend und mit steil aufgestelltem Schwanz streiten die Tiere um einen bestimmten Knochen, statt sich einen der überall umherliegenden zu schnappen.

CARLOS ALMARAZ, 1941–1989

ROM
BELLENDER HUND
1.–3. Jahrhundert

Die Römer hielten Hunde, um ihr Haus zu schützen, und schätzten es daher, wenn die Tiere laut bellen konnten. Das Bellen an sich stellt ein Warnsignal dar, das andere Rudelmitglieder – Hunde wie Menschen – herbeirufen soll. Das Bellen domestizierter Hunde ist wesentlich lauter und eindrucksvoller als das der Wölfe und Wildhunde. Dies läßt darauf schließen, daß es sich hier um das Resultat jahrhundertelanger züchterischer Bemühungen handelt.

»Wenn der Fuchs zu predigen anfängt, sollte man auf seine Gänse achten.«

DEUTSCHES SPRICHWORT

HANCOCK

EIN FUCHS MACHT SICH MIT EINEM KANINCHEN DAVON

1841

Früher glaubte man, Füchse ernährten sich fast ausschließlich von Kaninchen und Geflügel. Untersuchungen zeigen jedoch, daß sie auch kleinere Säugetiere wie Mäuse, Wühlmäuse oder Igel, aber auch Insekten und Regenwürmer fressen. Selbst Obst, vor allem Äpfel und Pflaumen, verschmähen sie nicht. Darüber hinaus durchstöbern Füchse, die als Kulturfolger bis in die Städte vordringen, auch Mülltonnen und Küchenabfälle.

CHARLES HANCOCK, 1802–1877

DE VOS

FUCHS UND HUNDE
MIT REBHÜHNERN
17. Jahrhundert

Mit diesem Gemälde stellt de Vos sein außerordentliches Können auf dem Gebiet der Malerei von Jagdszenen und Stilleben unter Beweis. Der Fuchs wird einmal mehr als rücksichtsloser Räuber von Federwild dargestellt.

PAUL DE VOS, um 1596–1678

LEWIS

STUDIE EINES FUCHSES
19. Jahrhundert

Lewis' Gemälde liefert ein genaues Abbild der für diese Tiere typischen Fellzeichnung. Teile der Ohren sind schwarz, während die Halsunterseite weiß ist. Die hochgezogenen Lefzen zeigen die kräftigen Zähne.

JOHN FREDERICK LEWIS, 1805–1876

KLIMT

FABEL

1883

Das rätselhafte Gemälde stammt aus der frühen Schaffensphase Klimts und beruht auf einer Serie von Illustrationen, die er für das von Martin Gerlach herausgegebene Buch *Allegorien und Embleme* angefertigt hatte. Die Tiere verweisen auf Fabeln von Äsop (6. Jh. v. Chr.) und Jean de La Fontaine (1621–1695).

GUSTAV KLIMT, 1862–1918

COOPER

FUCHS

1817

Das Bild zeigt die typisch gerollte Schlafhaltung von Füchsen. Nicht selten legen sie auch noch den Schwanz über die Schnauze, um sich besser warm zu halten. Normalerweise schläft der Fuchs in seinem unterirdischen Bau, gelegentlich jedoch sucht er sich einen oberirdischen Schlafplatz, und mitunter macht er es sich sogar in einem Dachsbau bequem.

ABRAHAM COOPER, 1787–1868

CONDÉ

DJANGO

1982

Ein wiederkehrendes Motiv in den Bildern des spanischen Malers ist der Landstreicher, der hier einigen wilden Hunden begegnet, für die Condés eigener Hund »Django« Modell stand.

MIGUEL CONDÉ, geb. 1939

Folgende Seite ▶

HERRING

FLIEHENDER FUCHS

(AUSSCHNITT)

1830

Ein gejagter Fuchs weiß, daß er mit seinen Pfoten Duftmarkierungen setzt, weshalb er versucht, seine Fährte zu »verwischen«. Er wählt den Weg über ein frisch gepflücktes Feld statt über eine Wiese, da die an den Pfoten haftende Erde seinen Eigengeruch überdeckt. Noch effektiver ist es, wenn er entlang einer Mauer, über harten Untergrund oder durch einen Bach läuft, am raffiniertesten aber, wenn er mitten durch eine Schafherde flieht.

JOHN FREDERICK HERRING SEN., 1795–1865

MARC

DER BLAUE FUCHS

1911

Marc hielt Tiere für unschuldigere und göttlichere Wesen als den Menschen, »jene verpfuschteste aller Kreaturen, die sich am weitesten von ihren Instinkten entfernt hat«. Er betrieb eine »Animalisierung der Kunst«, womit er das Lebensgefühl der Tiere einzufangen hoffte. So zeigt er den Fuchs – im allgemeinen Inbegriff von Schläue und Grausamkeit – als äußerst sanftes Tier.

FRANZ MARC, 1880–1916

J.F.Herring

WARDEN

GRAUER WOLF

20. Jahrhundert

Das wohl eindrucksvollste Merkmal des Wolfes ist sein kalter, durchdringender Blick, der daher auch eine zentrale Rolle in den Legenden über Werwölfe spielt. Der Überlieferung nach sind die Augen das einzige, was sich bei ihrer Verwandlung nicht verändert, weshalb Menschen mit wolfsähnlichen Augen mit Mißtrauen betrachtet wurden. Auch Menschen mit zusammengewachsenen Augenbrauen begegnete man mit Vorsicht.

JOHN WARDEN, 20. Jahrhundert

KOSCIANSKI

KEHLE

1984

Koscianski gelang es wie kaum einem anderen Künstler, das Wesen animalischer Grausamkeit zum Ausdruck zu bringen. Im fahlen Licht des Mondes, das die Hunde in silbrige Phantome verwandelt, setzt ein Hund zum tödlichen Biß in die Halsschlagader an. Das Haus im Bildhintergrund verweist auf die wenig beruhigende Tatsache, daß nur eine fadenscheinige Fassade zivilisierten Verhaltens den Menschen von derlei Brutalität trennt.

LEONARD KOSCIANSKI, geb. 1952

LANFIELD
DER HUND VON BASKERVILLE
1939

Wahrscheinlich der berühmteste »wilde« Hund überhaupt. Conan Doyle (1859–1930) gestand, daß sein Hund von Baskerville – ein »riesiges Tier, leuchtend, gräßlich und gespenstisch« – auf einer alten, aus dem englischen West-Country stammenden Legende basiert. Zweifellos handelt es sich dabei um eine Variante des unheimlichen Black Dog, dem Vorboten des Todes, seinerseits Motiv vieler englischer Volkssagen.

SIDNEY LANFIELD, 1900–1972

ETRURIEN
KAPITOLINISCHE WÖLFIN
um 500 v. Chr.

Dies ist die bekannteste Darstellung der *Lupa*, der Wölfin, die Romulus und Remus säugte. Der Kopf dieser Skulptur wurde unter anderem auch als Vorlage für die Plakate der Olympiade in Rom *(vgl. S. 317)* verwendet. Ihren Namen verdankt die Statue dem Kapitolinischen Museum, zu dessen Bestand sie zählt.

LANDSEER
KÄMPFENDE HUNDE
um 1818

Mit Landseer verbindet man zumeist idyllische Tierporträts, doch er malte auch grausamere, naturnahe Szenen. Nach einem erbitterten Kampf, bei dem einer der Hunde sein Halsband verloren hat, versuchen die erschöpft keuchenden Tiere wieder zu Atem zu kommen. Das Gemälde stammt vom gerade erst sechzehnjährigen Landseer.

EDWIN LANDSEER, 1802–1873

GRIECHENLAND
DER TOD DES AKTÄON
um 460 v. Chr.

Der Jäger Aktäon beobachtete die Göttin Artemis und ihre Nymphen beim Baden. Außer sich vor Zorn, verwandelte sie den Unglücklichen in einen Hirsch, so daß er von seinen eigenen Hunden gejagt und getötet wurde. Das Relief zeigt Aktäon (in noch menschlicher Gestalt), die Hunde abwehrend.

BALFOUR

EIN RUDEL WILDHUNDE
BEI SONNENUNTERGANG
20. Jahrhundert

Ein furchterregender Anblick für viele Tiere. Jagende Wildhunde oder Wolfsrudel bemühen sich nicht um eine Tarnung ihres Angriffs. Schlüssel zum Erfolg sind Ausdauer und Zusammenarbeit. Sobald sie Beute aufgespürt haben, teilen sie die Arbeit der Verfolgung untereinander auf. Wenn das an der Spitze des Rudels laufende Tier ermüdet, überläßt es einem anderen Tier die Führung. Dieser Vorgang wiederholt sich so lange, bis das Beutetier erschöpft ist. Erst dann stürzt sich das Rudel auf sein Opfer, um es zu töten.

DARYL BALFOUR, 20. Jahrhundert

DEUTSCHLAND

UNTER DEN WÖLFEN ALASKAS

1930

Wölfe sind nordisches Klima gewöhnt, in der Arktis aber finden sie besonders wenig Nahrung. Die Romane Jack Londons (1876–1916) bildeten die Vorlage für etliche Abenteuerfilme, die im ewigen Eis des Nordens spielen und Rudel halb verhungerter Wölfe zeigen, die unvorsichtigen Siedlern auflauern. Die Abbildung zeigt eine Szene aus einem deutschen Spielfilm.

FRANKREICH

EINE RUSSISCHE HOCHZEITSGESELLSCHAFT WIRD VON WÖLFEN ANGEGRIFFEN

1911

Diese äußerst melodramatische Szene wurde von der französischen Zeitschrift *Le Petit Journal* veröffentlicht. Wölfe jagen zwar im Rudel, überfallen aber kaum eine ganze Gruppe von Menschen oder Tieren. Vielmehr isolieren sie für gewöhnlich ihr Opfer und hetzen es dann bis zu seiner völligen Erschöpfung.

»Seht euch vor vor den falschen Propheten,
die in Schafskleidern zu euch kommen,
inwendig aber sind sie reißende Wölfe.«

MATTHÄUS 7,15

CRANE

ROTKÄPPCHEN
19./20. Jahrhundert

Die früheste schriftliche Fassung des Märchens geht auf Charles Perrault (1628–1703) zurück, der sich auf traditionelle Volksmärchen stützte. Bei Perrault endet die Geschichte damit, daß der Wolf das kleine Mädchen verschlingt. Dem französischen Märchen zufolge handelt es sich dabei ursprünglich um einen »bzou«, eine Art Werwolf. Cranes Illustration des Stoffs greift zugleich die Redewendung vom »Wolf im Schafspelz« auf.

WALTER CRANE, 1845–1915

SPECHT

WOLF
1890

Der Wolf gilt als wildestes Mitglied der Hundefamilie. Eine kürzlich durchgeführte Studie belegt, daß Wölfe im Laufe ihres Lebens durch das Zerkleinern von Knochen durchschnittlich 29 Prozent ihrer Zähne stark beschädigen. Am gefährlichsten sind Wölfe in der Paarungszeit, wenn sie Kämpfe um die weiblichen Tiere austragen.

FRIEDRICH SPECHT, 1839–1909

DORÉ

ROTKÄPPCHEN UND DER WOLF
1862

Die symbolische Bedeutung des Märchens gab Anlaß zu vielen Spekulationen. Einigen Psychoanalytikern zufolge repräsentiert der Wolf den männlichen Verführer und damit die eigentliche Gefahr für das kleine Mädchen, die in der beginnenden Sexualität liegt. Ein anderer Interpretationsansatz geht vom Konzept des Ödipuskomplexes aus: Demnach wünscht das Mädchen, von seinem Vater (dem Wolf) verführt zu werden, was aber nur geschehen kann, wenn zuvor die Mutter (die Großmutter) aus dem Weg geräumt wird.

GUSTAVE DORÉ, 1832–1883

HANSEN

ZAUN, ROSEN UND HUNDE
1993

Dieses Bild betont den Gegensatz zwischen menschlicher und hündischer Sichtweise. Gerüche sind für Hunde ausgesprochen wichtig. Auffällig die akzentuierte Darstellung des Hinterteils und des Zaunes – seinerseits beliebt bei jedem pinkelnden Hund. Der Mensch empfindet diese Gerüche als unangenehm, dem Hund dagegen erscheinen sie wie der Duft von Rosen.

GAYLEN HANSEN, geb. 1921

»Meine Frau läßt Ihnen beiden die herzlichsten
Grüße ausrichten; das Gleiche kann ich von
meinem Hund, der Sie noch nie gesehen hat,
nicht behaupten, aber er würde Sie,
wie es seine Art ist, mit Sicherheit gerne beißen.«

ROBERT LOUIS STEVENSON, 1850–1894,
IN EINEM BRIEF

GYSELS

UM DEN MAIBAUM

17. Jahrhundert

Gysels' elegante Komposition verknüpft zwei hinlänglich bekannte Themen miteinander. Zum einen handelt es sich hier um eine Art Kalenderblatt, auf dem verschiedene, zum Monat Mai gehörende Traditionen illustriert werden. Zum anderen sehen wir einen Liebesgarten, in dem sich junge Paare in idyllischer Umgebung vergnügen. Die raufenden Hunde verleihen dem Bild eine realistische Note, denn es »rann nie der Strom der treuen Liebe sanft« (Shakespeare).

PIETER GYSELS, um 1621–1690

»Gleich, wieviel du einem Wolf zu fressen gibst, er kehrt immer in den Wald zurück.«

RUSSISCHES SPRICHWORT

GAUERMANN

WILDER EBER UND WOLF

1835

Als vielseitige Jäger bewegen sich Wölfe ebenso geschickt auf freien Feldern wie in dichten Wäldern. Üblicherweise jagen sie im Rudel. Hat ein Tier seinen Partner jedoch verloren, verläßt es nicht selten die Gruppe und wird so zum »einsamen« Wolf. Das Bild zeigt ein Wildschwein, das einen solchen Einzelgänger gewittert hat und seine Borsten aufstellt, um größer zu erscheinen.

FRIEDRICH GAUERMANN, 1807–1862

VASNETSOV

IWAN UND DER GRAUE WOLF

1889

In dieser bekannten russischen Sage begibt sich Prinz Iwan auf die Suche nach einem Feuervogel, der die Zauberäpfel des Königs geraubt hat. Unterwegs freundet er sich mit einem grauen Wolf an, der ihn von nun an begleitet. Hier trägt er Iwan und seine zukünftige Braut Jelena durch einen gefährlichen Wald.

VICTOR VASNETSOV, 1848–1926

ÄGYPTEN

HUNDE JAGEN EINE HYÄNE
Neues Reich,
1555–1080 v. Chr.

Bei den auf dieser Kalksteinscherbe dargestellten Hunden handelt es sich allem Anschein nach um Windhunde. Gewöhnlich benutzten die Ägypter Hyänen- oder Pharaonenhunde zur Jagd auf Hyänen. Erst später griffen sie auf eine andere Rasse zurück, die dem heutigen Foxterrier ähnelt.

BUSBY

TOLLWÜTIGER HUND
1826

Ein an Tollwut erkrankter Hund vermag geradezu Panik zu verursachen. Aufgrund dieser furchtbaren Krankheit wird ein vollkommen zahmes Tier bösartig, die Infektion führt schließlich zu Lähmung und Tod. Früher nannte man diese Erkrankung auch Hydrophobia, in dem irrigen Glauben, tollwütige Hunde seien wasserscheu. Tatsächlich gilt dies aber nur für infizierte Menschen, die beim Versuch, etwas zu trinken, nicht selten unter schmerzhaften Krämpfen der Schluckmuskulatur leiden.

THOMAS BUSBY,
tätig 1804–1837

HYDROPHOBIA

»Hunde bellen ohne Ursache den Mond an.«

THOMAS CRANMER, 1489–1556

BILIBIN

PRINZ IWAN
UND DER GRAUE WOLF
1899

In der Sage vom Feuervogel erweist sich der Wolf als das genaue Gegenteil seines Artgenossen im Märchen von Rotkäppchen. Über dem Kopf des niedergemetzelten Prinzen kreisen hungrige Krähen. Doch der Graue Wolf wird Iwan ins Leben zurückholen und ihm helfen, sich an seinen bösen Brüdern zu rächen.

IVAN JAKOWLEWITSCH BILIBIN, 1876–1942

Folgende Seite ►

BALOG

KOJOTE
20. Jahrhundert

Man kennt mehr als ein Dutzend Unterarten des in Nordamerika und Mexiko heimischen Kojoten oder Präriewolfes. Auch er jagt in Rudeln, und obwohl der Kojote vor allem wegen seiner gelegentlichen Angriffe auf Viehherden gefürchtet wird, gilt er inzwischen als offiziell geschützte Spezies.

JAMES BALOG, 20. Jahrhundert

GRIMM

ROTKÄPPCHEN
um 1905

Gemeinhin trägt die Heldin des Märchens einen roten Umhang, den Gebrüdern Grimm zufolge jedoch ein rotes Käppchen, möglicherweise eine Anspielung auf die Jakobinermütze – das Freiheitssymbol der Französischen Revolution – und damit Ausdruck antifranzösischer Ressentiments.

Illustration zu Märchen der GEBRÜDER GRIMM

KAPITEL 4

Ein Hundeleben

HUTTON
FRÜHJAHRSPUTZ

Hunde sind heute so selbstverständlich in unser Leben integriert, daß man sie leicht für vollkommen domestiziert halten könnte. Viele ihrer Verhaltensmuster beruhen jedoch auf Urinstinkten, die sich herausbildeten, als die Hunde noch in freier Wildbahn lebten.

Hunde sind vor allem soziale Tiere. Geschaffen für das Leben im Rudel, erklären sich viele ihrer Verhaltensweisen nur im Hinblick auf ein Leben in der Gemeinschaft. So signalisiert zum Beispiel das Jaulen, daß ein Tier von seinem Rudel getrennt wurde. Wölfe heulen vor allem in den Morgen- und Abendstunden, um das Rudel zur gemeinsamen Jagd zusammenzurufen. Haushunde dagegen jaulen, wenn sie über längere Zeit allein bleiben, sie rufen nach den Mitgliedern ihres »Menschenrudels«. Es gibt aber auch Hunde, die auf Musik reagieren und »mitsingen«: Offenbar beantworten sie den Ruf eines anderen Hundes.

LESTER
DAS VORSINGEN

Hunde verständigen sich jedoch nicht nur über Laute, sondern auch über Gerüche. Alle Hunderassen verfügen über starke Duftdrüsen, die unter dem Schwanz direkt neben dem After sitzen. Der von ihnen ausgehende Geruch ist für jeden anderen Hund seines Informationswertes wegen von größtem Interesse. Dies erklärt auch, warum einander begegnende Hunde sich zunächst gegenseitig am After beschnuppern. Selbstbewußte Hunde richten bei dieser Gelegenheit den Schwanz auf, so daß ihre Überlegenheit gleich zu »erriechen« ist; schwächere Tiere dagegen klemmen ihn ein, um ihre Duftdrüsen und ihre Unsicherheit zu bedecken. Auch Urin spielt in diesem Zusammenhang eine wichtige Rolle. Vor allem Männchen markieren ihr Territorium, indem sie das Bein heben und eine Duftmarke möglichst hoch über dem Boden hinterlassen.

BONER
DER HUND UND DER WOLF

TENRÉ
ERSTE BEGEGNUNG

Ähnlich wie ihre menschlichen Besitzer bleiben auch Hunde ihr ganzes Leben über verspielt. Wenn Hunde miteinander spielen, pflegen sie zumeist ihrer Natur entsprechende Verhaltensweisen wie das Jagen oder Hetzen. Obwohl dies für den Beobachter zuweilen bedrohlich echt wirkt, lernen Hunde von Anfang an, nur »weich« zuzubeißen, um sich nicht gegenseitig zu verletzen. Um die Situation von vornherein klarzustellen, wird das Spiel häufig dadurch eröffnet, daß sich der eine der Hunde mit zum Boden gesenktem Vorderleib und nach oben gerecktem Hinterleib vor dem anderen verbeugt.

TROOD
ÜBERRASCHENDES
ERGEBNIS

EMMS
ZWEI HUNDE
MIT EINEM KNOCHEN

Alle Hundearten, ob es sich nun um Haushunde oder in der freien Wildbahn lebende Tiere handelt, erkennen die innerhalb eines Rudels bestehende Rangordnung an. Von größter Bedeutung für das Rudel ist der Rudelführer. Ohne ihn wären zum Beispiel die in Schlittenteams eingesetzten halbwilden Huskys unkontrollierbar, da sich die Hunde gegenseitig bekämpfen würden. Auch jede Jagd würde unweigerlich damit enden, daß sich die Meute die Beute gegenseitig streitig macht.

ALDIN
SCHELMISCHER WELPE

Hunde, die mit Menschen zusammenleben, erkennen normalerweise ihre Besitzer als Rudelführer an. Probleme ergeben sich nur dann, wenn der Hund aufgrund inkonsequenter Erziehung nicht seinen Herrn, sondern sich selbst als Rudelführer begreift. Eines ist allerdings selbst bei einem perfekt erzogenen Hund zu beachten: Sobald es ums Fressen geht, gerät jede Rangordnung in den Hintergrund. Vorsicht also! Selbst der gehorsamste Hund reagiert aggressiv, wenn man ihm – und sei es nur im Spiel – einen Knochen oder Leckerbissen wegzunehmen versucht.

HARDY
PRO AUFTRAG
EIN GROSCHEN

HANSEN

HUND

1989

Hansen malt nur selten wirklich schöne Hunde. Mit der kahlen Stelle am Rumpf und den übergroßen, runden Augen wirkt dieses Tier geradezu räudig und erweckt überdies den Eindruck, als sei es von Flöhen befallen. Dennoch scheint es sich um einen durchaus verspielten Hund zu handeln, betrachtet man seine selbstgenügsame Beschäftigung mit einer Blume.

GAYLEN HANSEN, geb. 1921

PIERRE

HOUND DOG II

20. Jahrhundert

»Hound dog«, ein Slangwort, das durch einen Song von Elvis Presley populär wurde, bedeutet in etwa »räudiger Köter«. Mit einem Knochen kann man sogar einen heruntergekommenen Bastard glücklich machen.

CHRISTIAN PIERRE, geb. 1962

ENGLAND

KONFRONTATION ÜBER EINEN TISCH HINWEG

19. Jahrhundert

Entgegen der landläufigen Meinung schätzen die meisten Hunde durchaus auch Fisch. Diese amüsante Stickerei zeigt einen Interessenskonflikt, wobei dessen Ausgang noch keineswegs feststeht: ein Spaniel, eine Katze und ein Papagei haben ein hungriges Auge auf einige Fische geworfen, die unvorsichtigerweise auf dem Tisch liegengelassen wurden.

LESTER

DAS VORSINGEN

um 1885

Hunde reagieren auf die verschiedensten Geräusche, selbst wenn es sich dabei um Töne aus dem Fernseher oder das Klingeln des Telefons handelt. Wir wissen zwar nicht, was den Welpen auf diesem Bild zum Jaulen veranlaßt, doch die mit weit aufgerissenen Augen lauschenden Katzen scheinen den Vortrag nicht unbedingt zu schätzen.

ADRIENNE LESTER, 19. Jahrhundert

ALMASY

GEDULD

1946

Die meisten Hunde verhalten sich Katzen gegenüber eher neugierig als feindselig. Sie jagen ihnen in der Regel nur dann hinterher, wenn die Katze ihrerseits zuerst die Flucht ergreift und so den natürlichen Jagdinstinkt des Hundes weckt. Auf diesem Bild warten zwei Hunde ebenso geduldig wie aufmerksam ab, ob das Kätzchen den ersten Zug macht.

Paul Almasy, geb. 1906

FOUJITA

KATZEN UND HUNDE

1924

Foujita, ein japanischer Maler, der vorwiegend in Frankreich arbeitete, erwarb sich einen Namen eher durch Katzenbilder als durch Hundeporträts. Diese Darstellung zeigt jedoch, welche Bedeutung der Rasse der Pekinesen in Asien zukommt. In China wurden sie wegen ihrer Ähnlichkeit mit den heiligen Löwen Buddhas verehrt. Da sie einem Verkaufsverbot unterlagen, gelangten erst 1860 die ersten Exemplare nach Europa, nachdem britische Truppen den kaiserlichen Palast geplündert hatten.

Tsugouharu (oder Léonard) Foujita, 1886–1968

Foujita
1924

Raymond Lunde

LYNDE

MUTTERS GANZER STOLZ

19. Jahrhundert

Hündinnen bewachen ihren Wurf normalerweise höchst argwöhnisch und knurren jeden Fremden an, der sich ihm nähert. Im 19. Jahrhundert hielt man Welpen außerhalb des Hauses, während es heute als sinnvoller gilt, junge Hunde von klein auf ans Familienleben zu gewöhnen.

RAYMOND LYNDE, 19. Jahrhundert

ENGLISCHE SCHULE

STALLKAMERADEN

19. Jahrhundert

Katzen und Hunde scheinen von Natur aus nicht für ein Zusammenleben geeignet. Während Hunde Rudeltiere sind, bleiben Katzen immer Einzelgänger. Dennoch kann man Katzen gewissermaßen zu »ehrenamtlichen Hunden« heranziehen, wenn die Tiere bei ihrem ersten Aufeinandertreffen noch jung sind und zum gemeinsamen Spiel ermuntert werden.

Trood

»Wundern darf es mich nicht,
daß manche die Hunde verleumden,
denn es beschämt zu oft leider
den Menschen der Hund.«

ARTHUR SCHOPENHAUER, 1788–1860

TROOD
VERFOLGUNGSJAGD
1894

Troods Bilder, größtenteils Porträts einzelner Hunde, zeigen mitunter auf einem Bild auch verschiedene Rassen gemeinsam. Auch wenn die hier dargestellte Szene nicht sonderlich realistisch erscheint, die einzelnen Hunde sind äußerst wirklichkeitsgetreu dargestellt. Überdies finden sich einige humoristische Details: Man betrachte nur den großen Pudel links im Bild, der darauf wartet, dem Gewinner des Rennens ein nagelneues Halsband verleihen zu dürfen.

WILLIAM HENRY HAMILTON TROOD, 1860–1899

ARMFIELD

KAMPF UM EINEN KNOCHEN

1859

Hunde halten sich an eine strenge Rangordnung. Normalerweise behauptet das dominante Tier seine Position innerhalb der sozialen Hierarchie durch eindeutige Signale. Dieses System kann allerdings zusammenbrechen, wenn es ums Fressen geht. Dann verteidigt sogar ein untergeordneter Hund seinen Knochen gegen einen Rudelführer.

GEORGE ARMFIELD, um 1820–1893

Laßt Hunden doch den Spaß,
zu bellen und zu beißen,
denn so erschuf sie Gott;
laßt Bären und Löwen
ihr Knurren und Reißen,
denn auch dies
die Natur gebot.«

ISAAC WATTS, 1674–1748

ALDIN

SCHELMISCHER WELPE

20. Jahrhundert

Vielen Hundebesitzern ist dieser Anblick vertraut. Der Grund ist oft Trennungsangst, die ein alleingelassener Hund empfindet, und er läßt seine Frustration an Dingen in der Wohnung aus. Wenn der Missetäter anschließend allerdings eine derart rührende Unterwerfungshaltung einnimmt, dürfte sich der Zorn seines Besitzers schnell legen.

CECIL ALDIN, 1870–1935

nach
BONER
DER HUND UND DER WOLF
14. Jahrhundert

Die Miniatur entstammt einer Handschrift aus dem 15. Jahrhundert. Diese illustrierte Ausgabe der Anthologie *Der Edelstein* versammelt bekannte deutsche Fabeln, die im vorangegangenen Jahrhundert von dem Dominikanermönch Boner aus dem Lateinischen übersetzt wurde. Wölfe gelten in Fabeln traditionellerweise als grimmige, räuberische Wesen, während Hunde für Hartnäckigkeit und Treue, aber auch für Dummheit stehen.

ULRICH BONER, 1300–1349

HANSEN
ZWEI HUNDE
1991

Die Duftdrüsen am After des Hundes vermitteln wichtige Informationen über Stärke und Rang des Tieres. Geruchssignale sind für alle Hunderassen wesentlich aufschlußreicher als visuelle Merkmale. Wenn Hunde sich einander bekanntmachen, indem sie sich beschnuppern, kündet dies weniger von einer gewissen Höflichkeit als vielmehr von der gegenseitigen Einschätzung.

EMMS

ZWEI HUNDE MIT EINEM KNOCHEN
1896

Der Hund rechts im Bild »verbeugt« sich vor seinem Gegenüber – typisch für Hunde, die spielen wollen. Der kleinere von beiden scheint sich jedoch nicht darauf einlassen zu wollen. Mit aufgestellten Ohren und hochgestrecktem Schwanz nimmt er eine eher feindselige Haltung ein und gibt so zu verstehen, daß er nicht bereit ist, seinen Knochen herzugeben.

JOHN EMMS, 1843–1912

BOGDANI

ZWEI HUNDE
IN EINER LANDSCHAFT (AUSSCHNITT)
17. Jahrhundert

Obwohl die hier in Szene gesetzten Vögel und Hunde einen außerordentlich lebendigen Eindruck machen, steht dieses Gemälde in der Tradition holländischer Stilleben. Das raffinierte Arrangement der Reichtümer der Natur gibt dem Künstler Gelegenheit, seine Vielseitigkeit zu beweisen.

JACOB BOGDANI, 1660–1724

Folgende Seite ►

TROOD

DAS ENTKORKEN
DER FLASCHE UND EIN
ÜBERRASCHENDES ERGEBNIS
1887

Troods Hundebilder bezeugen eine typisch viktorianische Mischung aus Rührseligkeit und Realismus. Diese humorvolle Szene bietet allerdings einen Vorgeschmack auf eine sich erst in der Zukunft entwickelnde Kunstform: Daß zwei kleine Hunde beim Öffnen einer Flasche durch die Luft gewirbelt werden, »erinnert« unverkennbar an Zeichentrickfilme des 20. Jahrhunderts.

WILLIAM HENRY HAMILTON TROOD, 1860–1899

H. Trood
1881

nach

LANDSEER

WÜRDE UND FRECHHEIT

um 1839

Kopie einer der bekanntesten Arbeiten von Landseer. Die beiden Tiere – der Bluthund Grafton und der Scotchterrier Scratch – gehörten dem Chemiker Jacob Bell. Grafton stand im Ruf, sich gerne und oft Kämpfe mit anderen Hunden zu liefern, den schelmischen kleinen Terrier jedoch scheint er in seiner Hundehütte zu dulden.

EDWIN LANDSEER,
1802–1873

MARSHALL

DREI HUNDE

19. Jahrhundert

Sie sehen zwar aus wie Unschuldsengel, doch der zerfledderte Brief links im Bild ist ein untrügliches Zeichen, daß dieses Trio es faustdick hinter den Ohren hat. Es gibt tatsächlich Hunde, die ein ausgesprochen gespanntes Verhältnis zu jeder Form von Post haben. Durch den Briefschlitz flatternde Post gilt durchweg als feindlich, den Postboten suchen sie durch Bellen zu vertreiben. Kehrt der unverschämte Bursche dennoch tagtäglich wieder, kommt es bisweilen auch zu »bissigen« Reaktionen.

WILLIAM ELSTOB MARSHALL,
tätig 1859–1881

SCOTT

SCHWARZ UND WEISS
20. Jahrhundert

Bis ins 19. Jahrhundert hinein herrschte hinsichtlich der kleineren Terrierrassen einige Verwirrung. Skyes, Dandie-Dinmonts, West-Highland-Whites und Cairns faßte man häufig einfach unter dem Begriff Scotchterrier zusammen. Nach und nach erfolgte die Gründung eigener Clubs für jede dieser Rassen, und die Bezeichnung »Scotch« wurde in »Scottish« umgeändert (1887). Der pittoreske Kontrast zwischen einem schwarzen Scottie und einem West-Highland-White inspirierte die unterschiedlichsten Künstler.

SEPTIMUS SCOTT, 1879–um 1932

HUTTON

FRÜHJAHRSPUTZ
1949

Nein, es handelt sich hier nicht um eine Fotomontage! Der kleine Terrier entstammt einem Zirkus, wo er die wildesten Sprünge zu vollführen hatte. Alte Gewohnheiten lassen sich nur schwer ablegen, und das Geräusch des Staubsaugers animiert ihn zu einer erneuten Darbietung seiner Kunst.

KURT HUTTON, 20. Jahrhundert

COURBET

WEIBLICHER AKT MIT HUND

1861/1862

Courbet gilt mit Recht als großer Hundeliebhaber. So schuf er nicht nur ein Selbstporträt mit Hund, auch in vielen seiner grausamen, realistischen Jagdszenen spielen Hunde eine wichtige Rolle. Mit diesem Gemälde – einer im Geschmack des 19. Jahrhunderts züchtig gehaltenen Variante der Boudoir-Malerei des Rokoko – wollte er sich ein breiteres Publikum erschließen.

GUSTAVE COURBET, 1819–1877

FRAGONARD

LA GIMBLETTE

um 1760

Erotische Szenen gehörten zum Repertoire der Malerei des Rokoko. Fragonard etwa malte mehrere Bilder dieser Art, wobei der Welpe dieser Szene zumindest einen Anschein von Harmlosigkeit verleiht. *Gimblette* nennt man übrigens im Französischen den ringförmigen Keks, den das junge Mädchen dem Hund anbietet.

JEAN-HONORÉ FRAGONARD, 1732–1806

Ein Mops kam in die Küche
und stahl dem Koch ein Ei.
Da nahm der Koch den Löffel
und schlug den Mops entzwei.
Da kamen viele Möpse
und gruben ihm ein Grab.
Und setzten ihm 'nen Grabstein
worauf geschrieben stand:
Ein Mops kam in die Küche ...

DEUTSCHES KINDERLIED

ENGLAND

WARTEN AUF DIE PREISRICHTER

1967

Kein Wunder, daß Schoßhunde häufig so verschüchtert wirken. Dieser ungestellte Schnappschuß zeigt, wie beängstigend das Leben unter Riesen sein muß. Das Bild stammt von Englands bedeutendster Hundeschau »Cruft's«, die jährlich in Birmingham stattfindet.

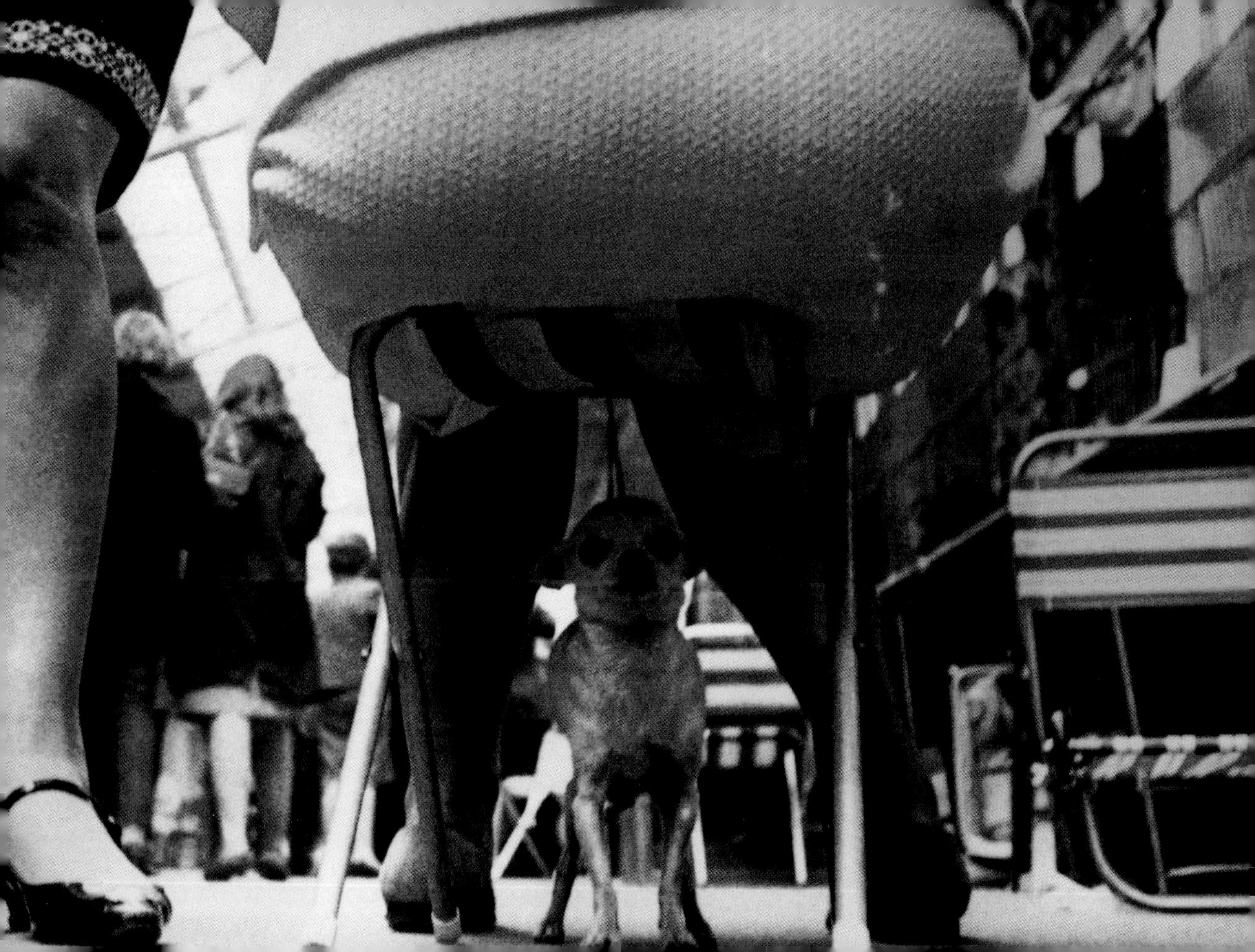

TOULOUSE-LAUTREC

IM ZIRKUS

1899

Populäre Unterhaltung darzustellen, war bei den Impressionisten sehr beliebt. Dressierte Hunde gehörten zu jener Zeit zum festen Repertoire jeder Zirkusvorstellung. In Toulouse-Lautrecs lebendiger Zeichnung nähert sich der Clown Footit in recht bedrohlicher Haltung einem verängstigten Pudel.

HENRI DE TOULOUSE-LAUTREC, 1864–1901

LUTTRELL-PSALTER

EIN HUND FÜHRT KUNSTSTÜCKE VOR

14. Jahrhundert

Die Seitenränder mittelalterlicher Manuskripte verzierte man häufig mit amüsanten Miniaturen. Selbst bei geistlichen Texten – ein Psalter ist ein liturgisches Textbuch mit Psalmen – waren die Illustrationen nicht selten humoristischen oder sogar satirischen Inhalts. Der hier Dargestellte trägt eine Mitra, es handelt sich um einen Bischof.

SEURAT

BADENDE BEI ASNIÈRES

1883/1884

Seurat übernahm sein Motiv von den Impressionisten, versuchte jedoch, es zeitloser zu gestalten. Den Hund fügte er erst spät in die Komposition ein, sein Kopf ist wie bei fast allen Personen des Bildes im Profil. Asnières war ein beliebter Badeplatz an der Seine, wo sich die Arbeiter aus den nahen Fabriken, deren vage Umrisse im Bildhintergrund zu erkennen sind, eine kurze Pause gönnten.

GEORGES SEURAT, 1859–1891

TUKE

BADENDE KNABEN

1912

Tuke, der zu den englischen Impressionisten zählt, ist vor allem für seine Bilder von Badenden bekannt, die er fast ausschließlich in Cornwall malte. Seine Arbeiten waren nicht unumstritten. Im Rückblick erweisen sich seine Idyllen aber als eine ergreifende Erinnerung an eine Generation junger Männer, die bald darauf im Weltkrieg ihr Leben lassen mußten.

HENRY SCOTT TUKE, 1858–1929

»Die größte Liebe ist die der Mutter, dann kommt die des Hundes und dann die eines Schatzes.«

POLNISCHES SPRICHWORT

SALIMBENI

DIE HEILIGE FAMILIE
16. Jahrhundert

Die Maler des Manierismus versuchten, vertraute Motive auf neue, ungewöhnliche Art und Weise darzustellen. Salimbeni versetzt die Heilige Familie in eine zeitgenössische häusliche Umgebung, in der, wie im Hintergrund zu sehen, nicht einmal eine Küche fehlt. Der Eindruck der Ungezwungenheit wird durch den Welpen erhöht, der nach einem Stoffstück in der Hand des jungen Johannes des Täufers schnappt.

VENTURA DI ARCANGELO SALIMBENI, 1568–1613

BONFIGLI

DER ERZENGEL GABRIEL

15. Jahrhundert

Die linke Tafel dieses Verkündigungsaltars zeigt den Erzengel Gabriel mit dem Symbol der Reinheit (die Lilie) in der Hand, der Jungfrau Maria (auf der hier nicht abgebildeten rechten Tafel) die Geburt Christi verkündend. Den Hintergrund der Szene bildet der Wohnbereich des Tempels in Jerusalem. Hund und Katze, die sich einander mißtraurisch nähern, unterstreichen den Eindruck der häuslichen Atmosphäre.

TENRÉ

ERSTE BEGEGNUNG
19. Jahrhundert

Welpen sollten so früh wie möglich mit allen Mitgliedern eines Haushaltes vertraut gemacht werden, seien es nun Menschen oder andere Hunde. Während sich hier also ein Welpe mit dem Hund einer anderen Rasse anfreundet, scheint der andere eher am Maler interessiert.

CHARLES HENRY TENRÉ, 1864–1926

HORLOR

WARTEN AUF DIE RÜCKKEHR DES VATERS
19. Jahrhundert

Wie viele andere Maler der viktorianischen Zeit zeigte sich auch Horlor in hohem Maß von Edwin Landseer beeinflußt. Typisch für seine Arbeiten sind von Hunden und anderen Haustieren bevölkerte, unordentlich anmutende Innenräume. Meist spielen die Szenen in der Hütte eines Wildhüters oder dem Haus eines Bauern, wo der Maler die Bedeutung von Heim und Herd besonders unterstrich.

GEORGE W. HORLOR, tätig 1849–1891

WALLER

YORKSHIRE-DANDIES

1889

Dandie-Dinmonts verdanken ihren Namen einer Figur aus dem Roman *Guy Mannering* (1815) von Walter Scott (1772–1832). Dandie, ein Farmer und begeisterter Jäger aus dem schottischen Tiefland, nennt eine Meute von Terriern sein eigen. Den Hunden gibt er so klangvolle Namen wie »Auld Mustard«, »Young Pepper« und »Little Mustard«. Das Buch erreichte eine derartige Popularität, daß diese Rasse eine Zeitlang einfach unter dem Namen »Pepper and Mustard« (Pfeffer und Senf) bekannt war. Der erste offizielle Dandie-Dinmont-Club wurde 1876 gegründet.

LUCY WALLER, tätig 1882–1906

WINSRYG

DREI PUDEL IN PHOENIX

1996

Das Scheren des Pudels hat eine lange Tradition. Dahinter mag ursprünglich die Absicht gestanden haben, dem Hund größere Bewegungsfreiheit bei der Jagd zu verschaffen. Es ist aber ebenso denkbar, daß das Scheren rein dekorativen Zwecks war, z. B. um dem Hund das Aussehen eines Löwenjungen zu verleihen. Mancher liebt es, den Hund zudem mit Schleifen und eleganten Halsbändern auszustaffieren. Das Ergebnis derartiger Bemühungen zeigt dieses Bild dreier verhätschelter Pudel aus Arizona.

MARIAN WINSRYG, geb. 1941

CHAPMAN

WEISSE PUDEL MIT VOGEL

1858

Die ersten nach England importierten Pudel kamen aus Deutschland (woher diese Rasse wahrscheinlich stammt) und dienten vor allem zur Jagd auf Wasservögel. Der Name der Rasse leitet sich möglicherweise vom deutschen Wort *puddeln* (im Wasser paddeln) her. In der Folge züchtete man in Frankreich und Belgien auch kleinere Arten. Einige von ihnen – wie die beiden hier abgebildeten – sind eng mit dem Bichon à poil frisé verwandt.

JOHN WATKINS CHAPMAN, tätig 1853–1903

REINAGLE

DIE GREENHALGH-KINDER

1803

Die meisten Hunde lieben es, Bällen oder Stöcken hinterherzujagen, um sie zu apportieren. Das Spiel gelingt in aller Regel so gut, weil es den Jagdinstinkt des Hundes weckt. So wie diese Kinder Kieselsteine zu werfen, ist allerdings nicht zu empfehlen.

Richard Ramsay Reinagle, 1775–1862

HARDY

PRO AUFTRAG EIN GROSCHEN

1949

Als die Zeiten noch besser waren, sammelten Pfadfinder Spenden für wohltätige Zwecke, indem sie kleinere Arbeiten rund um Haus und Garten übernahmen und dafür einen »bob« (einen Shilling) erhielten. Angesichts des ungestümen Temperaments dieses Hundes kommt auf den Jungen ein hartes Stück Arbeit zu.

Bert Hardy, [illegible]

TAYLER

OTTERHUNDE

19. Jahrhundert

Wie der Name vermuten läßt, dienten diese Hunde ursprünglich zur Jagd auf Otter. In England lassen sie sich bis in die Zeit Heinrichs II. (1154–1189) zurückverfolgen, auch wenn die Otterjagd ihren Höhepunkt erst im 19. Jahrhundert erreichte, als sich Grundbesitzer ganze Meuten dieser Hunde hielten. Der Ursprung der Rasse liegt im dunkeln, einer frühen Quelle zufolge galten sie als »draufgängerische, zwischen Jagdhund und Terrier stehende Hunde«.

JOHN FREDERICK TAYLER, 1802–1889

EMMS

AM FENSTER

1899

Obwohl sich Emms vor allem mit Bildern von Jagdhunden einen Namen machte, gewann er auch mit ungewöhnlichen Porträts von Haushunden Popularität. Auffällig die bettelnden Blicke der sehnsuchtsvoll durchs Fenster schauenden Hunde.

JOHN EMMS, 1843–1912

KAPITEL 5

Gebrauchshunde

BELGIEN

MIT HEU BELADENER HUNDEKARREN

THORWALDSEN
HIRTENJUNGE

Die Arbeitsgemeinschaft von Mensch und Hund reicht bis in die Antike zurück. Bereits vor Jahrtausenden setzte man Hunde unterschiedlichster Rassen zum Schutz und zur Bewachung von Schafherden ein. Kraft und Furchtlosigkeit standen bei der Auswahl immer im Vordergrund, denn die Hunde sollten vor Wölfen und Dieben schützen. In römischer Zeit trugen sie mit Stacheln versehene Halsbänder zum Schutz ihrer Kehlen und zur Abwehr möglicher Angreifer. Als die Bedrohung durch Wölfe zunehmend schwand, entschieden sich die Hirten für leichtere und schnellere Rassen. Eine der erfolgreichsten, der Collie, verdankt seinen Namen einem Bergschaf aus dem schottischen Hochland (dem »colley«).

Nicht nur zum Schutz von Herden, auch beim Transport erwiesen sich Hunde als überaus nützlich. Bekanntestes Beispiel ist der Husky, der vor allem in den Polarregionen eingesetzt wird. Der

ROUSSEAU
PÈRE JUNIERS WAGEN

Name Husky (von »Esky«, einem Slangwort für Eskimo) bezeichnet eine ganzen Reihe verschiedener Rassen, darunter Malamutes, Samojedenspitze und Keeshonds. Huskys können enormer Kälte widerstehen und schwer beladene Schlitten selbst durch Schneestürme ziehen, zugleich müssen sie aber auch über einen »sicheren Tritt« verfügen, um dünne Stellen im Eis meiden zu können. In einigen Regionen kreuzte man Wölfe in die Rassen ein, um so ein Höchstmaß an Kraft und Ausdauer zu erreichen.

Auch in wärmeren Gegenden dienten Hunde als Zugtiere. So war es im 19. Jahrhundert in vielen Teilen Europas ein alltäglicher Anblick, wenn Neufundländer oder Mastiffs die Karren von Milchmännern oder Händlern zogen. In Großbritannien bereits im Jahre 1837 verboten, währte diese Praxis in Holland und Belgien bis weit ins 20. Jahrhundert.

USA
PETE THE PUP

Gebrauchshunde werden auch wegen ihres Geruchssinnes geschätzt. Er ist er bei manchen Rassen derart empfindlich, daß sie selbst an einem Strand voller Kieselsteine einen ganz bestimmten Stein wiederfinden. Kein Wunder also, daß Hunde seit jeher zur Spurensuche dienten. So berichtet der griechische Historiker Plutarch (um 46–120), wie ein Hund den Mörder seines Herrn identifizierte. In den Vereinigten Staaten erwarb der Bluthund schließlich zweifelhaften Ruhm, weil er zum Aufspüren entlaufener Sklaven eingesetzt wurde. Aber auch bei der Polizeiarbeit spielte diese Rasse eine wesentliche Rolle: Mit Hilfe eines Bluthundes namens Nick Carter gelang die Inhaftierung von nicht weniger als 600 Kriminellen.

In jüngerer Zeit setzt man Spürhunde bei der Bekämpfung von Drogenkriminalität und Terrorismus erfolgreich ein.

FRANKREICH
HUNDEKARREN MIT FRANZÖSISCHEM SOLDAT

WETHERBEE
SCHÄFERIN MIT HUND UND HERDE IM MONDLICHT AUF EINER WIESE

Wenig spektakulär ist ihr Einsatz beim Aufspüren von Ratten, Trüffeln oder selbst Termiten, wohingegen sie als Lawinenhunde weltweiten Ruhm ernten konnten. Der vermutlich bekannteste Spürhund ist der Bernhardiner. Seinen Namen verdankt er dem Mönch Bernard de Menthon (923–1008), der im Aosta-Tal ein Hospiz gründete und diese großen Hunde darauf trainierte, verirrte oder von Schneemassen verschüttete Reisende aufzuspüren.

USA
GOLDRAUSCH IN ALASKA

In den Kriegen der Neuzeit spielten Hunde eine eher passive Rolle. Sie bewachten Militärlager, überbrachten Botschaften oder versorgten Verwundete mit Verbandsmaterial. Doch gab es auch Soldaten, die ihre Tiere mit in die Schlacht nahmen, und während der Napoleonischen Kriege wurde ein Hund sogar mit einem Orden ausgezeichnet, weil er die Regimentsfahne gerettet hatte.

ENGLAND

REGIMENTSHUND

1949

Regimentshunde, die modernen Nachfahren der Kriegshunde, werden nicht im Kampf, sondern nur noch bei zeremoniellen Anlässen eingesetzt. Dieser Bullterrier mit Namen Judy, hier zusammen mit seinem Trainer, war das offizielle Maskottchen des King's-Liverpool-Regiments. Die Hündin trägt ein Deckchen mit dem gestickten Wappen des Regiments.

VERNET

DER REGIMENTSHUND IST VERWUNDET

1819

Vernet erwarb sich einen Namen vor allem als Kriegsmaler, spezialisiert auf Szenen aus den Napoleonischen Kriegen (1803–1815). Mit diesem Bild geht er auf die Gefahren ein, denen Regimentshunde ausgesetzt waren, als man sie noch mit auf das Schlachtfeld nahm. Gewöhnlich hielt man sie in der Nähe der Fahne, weshalb es auch nicht verwunderlich ist, daß dem verletzten Hund ein Trommler zu Hilfe kommt, während Judys Trainer *(siehe links)* ein Tambourmajor war.

ÉMILE-JEAN-HORACE VERNET, 1789–1863

LECOMTE DU NOÜY

GALLISCHE KRIEGER
BEWACHEN DIE KÜSTE
1888

Das Gemälde ist eindeutig vom im ausgehenden 19. Jahrhundert wieder auflebenden Interesse an den Kelten geprägt, zu denen auch die Gallier zählten. Hier scharen sich einige um ein Feuer, während ihr Hund den Mond anheult. Keltische Hunde erlangten in der Antike einige Berühmtheit. Die gallischen Krieger banden ihren wildesten Hunden gefährliche Stachelhalsbänder um und schickten die Tiere derart bewaffnet in den Kampf. Für den Einsatz bei der Jagd galten sie als besonders geeignet. So schreibt Xenophon (um 435–354 v. Chr.): »Bei der Hasenjagd sind die keltischen Hunde allen anderen vorzuziehen.«

JEAN-JULES-ANTOINE LECOMTE DU NOÜY,
1842–1929

»Der Hund ist der Gott der Ausgelassenheit.«

HENRY WARD BEECHER, 1813–1887

PALANKER

DIE GESCHICHTE DER O

1995

Das »O« steht für Palankers Hund Otla, der immer wieder in den Arbeiten der Künstlerin auftaucht. Zugleich ist der Titel des Bildes eine ironische Anspielung auf Pauline Réages Roman *Die Geschichte der O*, die Geschichte einer obsessiven Liebe. Die Verfilmung des Stoffes im Jahr 1975 durch Just Jaeckin fand bei der Kritik ein recht geteiltes Echo.

ROBIN PALANKER, geb. 1950

STERN

DIE NACHT DER STERNSCHNUPPEN

1991

Sterns pantheistische Gemälde kreisen um Magie und Sehnsucht. Die kindlich anmutende, schemenhafte Figur einer Frau steht auf dem Rücken eines Hundes und erhofft sich vom Blick in den nächtlichen Himmel Inspiration.

PIA STERN, geb. 1952

BOSCH

DER GAUKLER

um 1470–1480

Ehe Bosch begann, seine furchterregenden Phantasien zu malen, fertigte er eine Reihe von Gemälden zum Thema der menschlichen Dummheit an. Hier gerät ein reicher Mann derart in den Bann eines Gauklers, daß er den Diebstahl seines Geldbeutels nicht bemerkt. Nicht nur die Eule, ein Wesen der Nacht, symbolisiert hier das Böse, auch der eigenartige, mit Hörnern versehene Kopfschmuck des Hundes akzentuiert den Eindruck des Dämonischen.

HIERONYMUS BOSCH,

um 1450–1516

FLÄMISCH

JEAN, DUC DE BERRY, WIRD EIN BUCH ÜBERREICHT
um 1480

Die Widmungsseiten illuminierter Manuskripte wurden häufig von Szenen geschmückt, in denen dem Auftraggeber des Bandes das fertige Werk überreicht wird. In diesem Fall handelt es sich um ein Buch für den Duc de Berry (1340–1416) mit einer Übersetzung der Werke Giovanni Boccaccios (um 1313–1375). Szenen dieser Art gaben den Illustratoren Gelegenheit, farbenfrohe und authentische Darstellungen des höfischen Leben zu liefern. Hier zum Beispiel begegnen wir einem Zwerg, der mit dem Lieblingshund des Herzogs und einem Äffchen herumtollt.

HACKER

RÜCKKEHR VON DER HEUERNTE
um 1885

Hacker, ein akademischer Maler, studierte von 1880 bis 1881 bei dem französischen Maler und Porträtisten Léon Bonnat (1833–1922) und schloß sich der Vorliebe der Franzosen für Szenen aus dem bäuerlichen Leben an. Damals als äußerst realistisch geschätzt, erscheinen diese Bilder dem heutigen Betrachter eher pittoresk, fast rührselig. Der Border-Collie entledigt sich für kurze Zeit seiner Pflichten als Hütehund, um eine müde Erntehelferin aufzumuntern.

ARTHUR HACKER, 1858–1919

PATON

BORDER-COLLIE
um 1880

Der Border-Collie, allgemein als ausgezeichneter Hütehund geschätzt, besitzt die Fähigkeit, sich in halb geduckter Haltung wie eine Katze anzuschleichen. Mit seinem geradezu hypnotischen Blick hält er jede Schafherde in Schach. Lange Zeit betrachtete man diese Rasse ausschließlich als Gebrauchshunde. Aus diesem Grund waren sie bis vor kurzem von Hundeschauen ausgeschlossen, dürfen jedoch seit 1873 an Wettbewerben für Hüte- und Treibhunde teilnehmen.

FRANK PATON, 1856–1909

SMYTHE

IN DER SCHMIEDE

19. Jahrhundert

In der viktorianischen Malerei bildeten Hunde einen wesentlichen Bestandteil ländlicher Szenen. Smythes Gemälde überzeugt durch die authentische Darstellung des hier herrschenden Durcheinanders, auch wenn es zweifelhaft erscheinen mag, daß ein Schmied so viele Tiere in seiner Werkstatt dulden würde.

EDWARD ROBERT SMYTHE, 1810–1899

BRUNAIS

MUTTER UND SOHN MIT PONY

18. Jahrhundert

Tiere sind ein beliebtes Motiv in der naiven Malerei, obwohl die Künstler häufig mit den richtigen Proportionen zu kämpfen haben. So verdirbt der lächerlich winzige Hund im Vordergrund leider diese Arbeit. Ähnlich »unverhältnismäßig« malte Henri Rousseau einen der Hunde von Junier *(vgl. S. 237)*.

AGOSTINO BRUNAIS, tätig 1763–1780

Folgende Seite ▶

DEUTSCHLAND

DEUTSCHE TRUPPEN AUF DEM RÜCKZUG

um 1943

Hunde haben keinen Sinn für Geschichte. In einem der entscheidenden Momente des Zweiten Weltkriegs ziehen sich die deutschen Truppen, überrascht vom Einbruch des russischen Winters, von der Ostfront zurück. Der hübsche Hund schenkt ihnen jedoch keine Aufmerksamkeit, sondern posiert lieber vor der Kamera.

MIKE
MASCOT
Neue Serie
ZUM SCHREIEN KOMISCH!
Harold Lloyd
Spaß muß sein
COLUMBIA PICTURES
FSK 14

»Ich verachte Menschen, die sich Hunde halten. Das sind Feiglinge, die nicht den Mut haben, selbst zuzubeißen.«

AUGUST STRINDBERG, 1849–1912

LLOYD

SPASS MUSS SEIN

1925/1963

Einen Ball zurückzuholen, kann gefährlich sein. Wird Mike auf ihn losgehen oder nicht? Diese heikle Frage stellte sich Harold Lloyd 1925 in einem seiner ersten Kurzfilme. In den 60er Jahren faßte der amerikanische Komiker seine frühen Produktionen zu Episodenfilmen zusammen, so daß in *Funny Side of Life* auch diese Szene erneut ein Publikum fand.

HAROLD LLOYD, 1893–1971

CHAPLIN

CHARLIE GEGEN ALLE

1915

Chaplin brach mit einem ungeschriebenen Gesetz der Filmbranche, wonach man nicht mit Kindern und Tieren drehen sollte, und besetzte in einer Reihe von Filmen die Hauptrolle mit Hunden. In seinen Augen barg das Miteinander von Hund und Mensch ein enorm komisches Potential. Hier unterstreicht der Versuch, den kämpferischen Ausdruck des Hundes nachzuahmen, die Lächerlichkeit der eigenen Pose.

CHARLIE CHAPLIN, 1889–1977

THORVALDSEN

HIRTENJUNGE

1817

Der dänische Bildhauer Thorvaldsen, eine der führenden Figuren der klassizistischen Bewegung, beschwor in seinen Werken die Welt der griechischen und römischen Antike herauf. Diese Statue belegt, daß man in den einzelnen Ländern die unterschiedlichsten Rassen als Hirtenhunde einsetzte. Der kräftige Hund mit seinem seidigen Fell erinnert an alte Hütehundrassen, die vor allem die Herde vor Wölfen zu schützen hatten.

BERTEL THORVALDSEN, 1770–1844

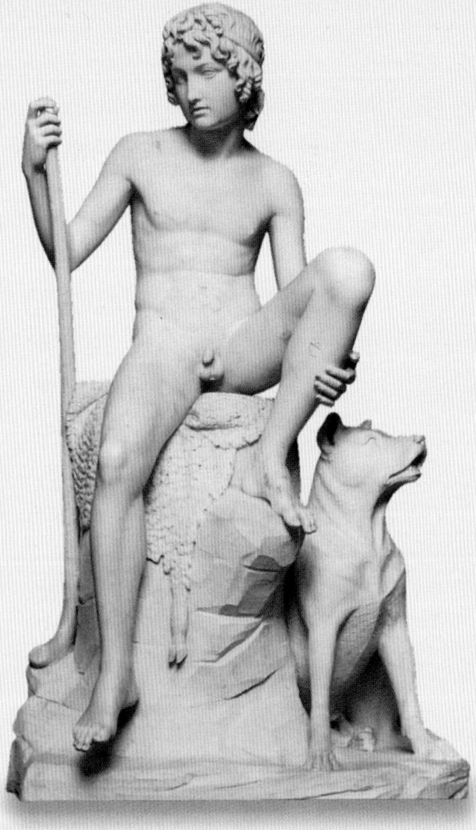

HUNT

DER MIETSCHÄFER

1851

Der Schäferhund gibt sein Bestes, kann die Herde ohne Hilfe seines Herrn aber nicht unter Kontrolle halten. Hunts Gemälde ist eine Allegorie auf die Gefahren des Traktarianismus, der in der Mitte des 19. Jahrhunderts zur Spaltung innerhalb der anglikanischen Kirche führte. Ohne die Führung des Hirten, so Hunt, gerät die Herde – also die Gemeinde der Christen – auf Abwege. Das Gemälde zeigt dies konkret: Einige der Schafe befinden sich bereits im Getreidefeld, während der törichte Schäfer seine Aufmerksamkeit dem Totenkopffalter in seiner linken Hand schenkt.

WILLIAM HOLMAN HUNT, 1827–1910

ter Meulen

TER MEULEN

SCHAFE AN EINEM WINTERMORGEN
19. Jahrhundert

Die Fähigkeit der Hütehunde, Viehherden zusammenzuhalten und zu führen, geht auf frühe, von den Wölfen ererbte Instinkte zurück. Ein Wolfsrudel schwärmt aus und kreist seine Beute ein, geht aber erst auf ein Zeichen des Rudelführers zum Angriff über. Für den domestizierten Hütehund besteht das Rudel nur aus zwei Lebewesen – ihm selbst und dem Schäfer. Das Gemälde zeigt einen die Herde aufmerksam beobachtenden Hund, der auf das Aufbruchsignal seines Rudelführers, des Schäfers, wartet.

FRANÇOIS PIETER TER MEULEN,
1843–1927

FRANKREICH

DIE VERKÜNDIGUNG DER HIRTEN
um 1490

Das Erscheinen des Engels Gabriel bei den Hirten und die Verkündigung der Geburt Jesu veranlaßte viele christliche Künstler, realistische Pastoralszenen zu gestalten. Auf dieser einem Stundenbuch entstammenden Illustration erinnert der Hütehund eher an einen Windhund. Die sternförmige Zeichnung seines Fells erinnert den Betrachter daran, daß die Hirten auf ihrem Weg nach Bethlehem einem Stern folgen.

»In den Bergen Schottlands gibt es eine Hunderasse, die sogenannten Schäferhunde, die ... mit ihrer langen Nase, den hohen Wangenknochen und ihrer bedächtigen Miene genauso aussehen wie die alten Schotten selbst ... Ein alter Schotte erzählte uns von seinem Hund Hector, der, nachdem er ihm über Jahre bei Wind und Wetter zur Seite gestanden hatte, schließlich eine solche Ähnlichkeit mit ihm bekommen hatte, daß er den Hund eines Tages, als er selbst zu müde war, um in den Gottesdienst zu gehen, seinen Sitz in der Kirchenbank einnehmen ließ. Dem Pfarrer fiel nicht etwa der Schwindel auf, sondern er lobte ihn auch noch am nächsten Tag dafür, daß er der Predigt so aufmerksam gefolgt war.«

HARRIET BEECHER STOWE, 1811–1896

HARVEY

SCHAFSCHUR

um 1830

Collies wurden früher vor allem im schottischen Hochland gehalten, wo die außerordentlich lauffreudigen Tiere auch weit verstreute Herden kontrollierten. Hier gönnen sich zwei Collies eine wohlverdiente Pause, während Arbeiter die Schafe scheren und mit Brandzeichen versehen. Im Bildhintergrund wacht ein dritter Hund, offenbar ohne die Hilfe eines Schäfers, über einige verstreute Tiere der Herde.

GEORGE HARVEY, 1806–1876

USA

GOLDRAUSCH IN ALASKA

1935

Das Szenenfoto aus der 1935er Verfilmung des berühmten Stoffes von Jack London (1876–1916) zeigt Jack Oakie und Loretta Young. Der 1903 erschienene Roman *Ruf der Wildnis* kreist um die Heldentaten des Hundes Buck, der seinen Besitzern in Kalifornien gestohlen und als Schlittenhund an den Klondike verkauft wird. Er hat die Grausamkeiten verschiedener Herren zu erdulden, bis ihn schließlich ein gutmütiger Goldschürfer befreit.

FERNELEY

KUTSCHER MIT NEUFUNDLÄNDER

19. Jahrhundert

Neufundländer erfreuten sich im 19. Jahrhundert großer Beliebtheit, nachdem sowohl Robbie Burns (1759–1796) als auch Lord Byron (1788–1824) ein Loblied auf diese Rasse gesungen hatten. In ihrem Heimatland Kanada waren diese Hunde vor allem Zugtiere, überdies wurden sie als Rettungshunde eingesetzt. Eines von Landseers berühmtesten Gemälden, *Ein hervorragendes Mitglied der menschlichen Gesellschaft* (um 1838), zeigt einen Neufundländer, der geduldig am Ufer wartet, um in Not geratene Schwimmer zu retten. Als Kutschenhunde setzte man sie seltener ein, doch dürfte dieser Hund in der Tat einen prächtigen Anblick geboten haben, wenn er neben der Kutsche seines Herrn lief.

JOHN E. FERNELEY, 1782–1860

JACOPO DI PIETRO

DER TRIUMPH CÄSARS

1514

Die Römer schätzten Hunde sehr und setzten sie bei der Jagd, im Krieg und als Wachhunde ein. Zudem galten sie als Statussymbol, weshalb sie auch an Triumphzügen teilnahmen. Während Hunde die Häuser der wohlhabenden Schichten bewachten, begnügten sich die ärmeren Leute mit Gänsen.

Jacopo di Pietro

zugeschrieben, 16. Jahrhundert

ROUSSEAU

PÈRE JUNIERS KARREN

1908

Das anrührende Familienporträt zeigt den Gemüsehändler Claude Junier mit seiner Frau und einigen Verwandten sowie seinen drei Hunden. Junier, der in seiner Freizeit Pferde trainierte, war eng mit Rousseau befreundet, der sich hier als Mann mit Strohhut selbst porträtierte.

Henri Rousseau,

1844–1910

»Eine Karawane zieht die Straße entlang
durch das Heideland,
wo der pfeifende Brachvogel singt
und die braune Schnepfe trommelt;
und ein wendiger, schlanker Hund
in schlängelndem Trott,
ein Wilddieb durch und durch wie alle Streuner,
folgt still wie ein Schatten und schlau wie ein Mensch.«

PATRICK CHALMERS, 1875–1942

STANDING
AUSFAHRT MIT DEM TANDEM
1905

Kutschenhunde wurden darauf abgerichtet, hinter dem Wagen ihres Herrn herzulaufen. Ihre ursprüngliche Aufgabe lag darin, ihre Besitzer vor Wegelagerern und sonstigen Schurken zu schützen. Mit der Zeit jedoch avancierten Kutschenhunde zu modischen Accessoires, die lediglich dazu dienten, die Vornehmheit ihres Besitzers zu untermalen. Elegante Rassen wie Pointer oder Dalmatiner wurden daher bevorzugt.

HENRY WILLIAM STANDING, tätig 1895–1905

GÉRARD

KINDER MIT HUNDEKARREN

19. Jahrhundert

Gérard war Belgier, geboren und aufgewachsen in Gent. Der Gebrauch von Hundekarren war unter seinen Landsleuten weit verbreitet, so daß die hier dargestellte Szene eines gewissen Realismus' nicht entbehrt. Dennoch, angesichts der wenig tauglichen Darstellung des Hundes (der Kopf etwa ist viel zu klein im Vergleich zum Körper) überrascht es nicht, daß dieses Bild dem Tier nur eine Nebenrolle zukommen läßt.

THÉODORE GÉRARD, 1829–1895

FORTESCUE

FEBRUAR

1893

Noch vor der offiziellen Gründung der Saint-Ives-Schule arbeitete Fortescue bereits mit Vorliebe in Cornwall, besonders in der Gegend um Saint Ives. Bekannt wurde er vor allem durch seine Schiff- und Seestücke. An dem hier abgebildeten Gemälde beeindruckt die geradezu sinnlich faßbare, feuchtkalte winterliche Atmosphäre. Anders als auf dem Bild Gérards *(vgl. gegenüberliegende Seite)* kann der Hund hier den Tag genießen.

WILLIAM B. FORTESCUE, 1855–1924

»Je besser ich die Menschen kennenlerne, desto mehr bewundere ich Hunde.«

MADAME DE SÉVIGNÉ, 1626–1696

USA
»ASTA«
1958

Eine Berühmtheit sichtet ihre Post. Das Werbefoto zeigt »Asta«, den »tierischen Star« der Fernsehserie *Der dünne Mann* (1958). Bereits in dem der Reihe zugrundeliegenden Kinofilm (1934) spielte eine Hündin eine entscheidende Rolle bei der Verbrechensaufklärung – eine von den Produzenten der Fernsehserie aufgegriffene Idee. Herrchen und Frauchen von Asta spielten Peter Lawford und Phyllis Kirk.

USA
PETE
1934

Staffordshire-Bullterrier gelten nicht gerade als niedliche Hunde, aber »Pete« sprühte nur so vor Charme. Er trat regelmäßig in *Die kleinen Strolche* auf, einer in den 20er und 30er Jahren äußerst populären Kurzfilmreihe. Eine ganze Generation von Kinderschauspielern konnte dort ihr Talent unter Beweis stellen, doch Pete stahl ihnen allen die Show.

FRANKREICH

HUNDEKARREN MIT FRANZÖSISCHEM SOLDAT

1917

Bis zum Ende des Ersten Weltkriegs wurden Hunde in weiten Teilen Europas oft als Zugtiere eingesetzt. Die Belgier beispielsweise nutzten sie zum Transport von Maschinengewehren und Munitionskisten. Das Foto zeigt französische Soldaten mit einem von den deutschen Truppen zurückgelassenen Hund.

VON MENZEL
ZUGHUND MIT KATZE
um 1861

Menzel war zu Lebzeiten vor allem als Historienmaler bekannt. Aus heutiger Sicht allerdings erscheinen seine Darstellungen von Industriebetrieben und Szenen aus dem Arbeitsalltag interessanter. Diese Gouache entstand zu einer Zeit, als es kaum gesetzliche Vorschriften hinsichtlich des Höchstgewichts gab, das Lasthunde ziehen durften. Diese arme Kreatur scheint völlig erschöpft zu sein, und sogar die Katze, normalerweise kein Freund des Hundes, verspürt offenbar Mitleid.

ADOLPH VON MENZEL, 1815–1905

ENGLAND

SEILHÜPFENDER PUDEL

1950

Tricks und Kunststücke vollführende Pudel kamen zuerst in Paris in Mode. In einer Zeit, in der man es mit dem Tierschutz noch nicht allzu genau nahm, brachte man den Tieren bei, auf den Hinterbeinen zu laufen, einen Sonnenschirm zu tragen oder Wörter zu buchstabieren. Das Foto zeigt John Chipperfield, der mit dem Pudel eine Nummer für den Auftritt in Tom Arnolds Londoner Harringay-Zirkus übt.

USA

»PETE« BEIM SPRUNG DURCH EINEN REIFEN

1927

Mit dem unverkennbaren Ring um das linke Auge war »Pete« seinerzeit der berühmteste Hund der Welt. Er trat in einer Reihe von Hollywoodfilmen auf, darunter auch *Die kleinen Strolche.* Auf dem Höhepunkt seiner Karriere betrug seine Versicherungssumme 30.000 DM.

»Ich habe einen kleinen Hund, und Mr. C. begegnet ihm durchaus mit Liebenswürdigkeit. Jedes Mal, wenn er morgens schlechtgelaunt nach unten kommt oder müde von einem Spaziergang heimkehrt, tanzt das närrische kleine Tier auf eine Art und Weise auf seinen Hinterbeinen um ihn herum, an der ich mir ein Beispiel nehmen sollte, und er fühlt sich ebenso geschmeichelt wie überrascht angesichts derart ungewohnter Kapriolen zu seinen Ehren.«

JANE CARLYLE, 1801–1866

WETHERBEE

SCHÄFERIN MIT HUND UND HERDE IM MONDLICHT AUF EINER WIESE
19. Jahrhundert

Geboren in Cincinnati und aufgewachsen in Boston, ließ sich der weitgereiste Wetherbee schließlich in London nieder, wo er seinen Malstil schon bald dem viktorianischen Geschmack anpaßte. Dieses romantische Bild hat zwar nur wenig mit der ländlichen Lebenswirklichkeit zu tun, ist aber deshalb nicht weniger reizvoll.

GEORGE FAULKNER WETHERBEE,
1851–1920

HERRING

ZUGPFERDE VOR EINER LANDHAUSTÜR
1854

Herring feierte große Erfolge mit Porträts von Rennpferden und Jagdszenen und sicherte sich so lukrative Aufträge seitens der höheren Gesellschaft. In den ausgehenden 40er Jahren des 19. Jahrhunderts wandte er sich u. a. romantischen bäuerlichen Szenen zu. Pferde bildeten zwar noch immer sein bevorzugtes Motiv, doch stellte er ihnen nun ein idealisiertes ländliches Leben mit properen Bäuerinnen, zufriedenen Hunden und niedlichen Entenfamilien zur Seite.

JOHN FREDERICK HERRING SEN.,
1795–1865

GIOTTO

JOACHIM UNTER DEN HIRTEN
um 1305

Das Thema dieses Gemäldes geht auf eine biblische Episode aus den Apokryphen zurück, die durch die *Legenda aurea* des Jacobus de Voragine (1230–1298) popularisiert wurde. Joachim, ein reicher Mann, hat auch nach zwanzig Jahren Ehe noch keine Nachkommen und wird deshalb abgewiesen, als er im Tempel von Jerusalem ein Lamm opfern will. Derart erniedrigt, kehrt Joachim nicht nach Hause zurück, sondern geht in die Wüste, um mit den Hirten seiner Herden zu leben. Dort erscheint ihm ein Engel, der ihm verkündet, daß seine Frau eine Tochter zur Welt bringen wird und dieses Kind Maria, die Mutter Christi, sein wird.

GIOTTO DI BONDONE, um 1267–1337

RAYMOND

DER SCHLECHTE HIRTE

1537

Da Christus der »gute Hirte« ist, hat der »schlechte Hirte« auf bildlichen Darstellungen auch immer etwas sündhaftes, insofern sie sich auf das Johannes-Evangelium beziehen *(siehe unten)*. Raymonds Bild trägt durchaus realistische Züge. Während die Herde in alle Richtungen verstreut ist, scheint der Hirte nicht zu wissen, wohin er sich zuerst wenden soll. Zu seinen Füßen wartet sein treuer, aber dummer Hund auf Anweisungen.

PIERRE RAYMOND, 16. Jahrhundert

»... Ein guter Hirte läßt sein Leben für die Schafe. Ein Miethling aber ... siehet den Wolf kommen und verläßt die Schafe, und fliehet; und der Wolf erhascht und zerstreut die Schafe.«

JOHANNES 10,12

KAPITEL 6

Faule Hunde

RICHARD ANSDELL

EIN MANN UND SEINE HUNDE

FRANKREICH
CHRISTINE DE PISAN
SCHREIBEND
AN IHREM PULT

Vielen Hundebesitzern erscheint die Vorstellung von einem agilen Jagd- oder Gebrauchshund wie Ironie. Der eigene Hund schläft fast den ganzen Tag, zusammengerollt in der gemütlichsten Ecke des Hauses. Dieses Verhalten wurzelt nicht in der Dekadenz heutiger Rassen, denn schon vor Jahrhunderten richtete man Hunde dazu ab, vorwiegend passiv am Leben des Menschen teilzunehmen – weil sie etwa repräsentativen Zwecken dienten.

Die Geschichte des Pekinesen erweist sich hier als beispielhaft. Im ersten nachchristlichen Jahrhundert gewannen die Lehren Buddhas in China immer mehr Bedeutung. Im Rahmen der ursprünglich aus Indien stammenden Religion galt der Löwe, der treue Begleiter Buddhas, gewissermaßen als heiliges Tier. In China gab es keine Löwen, aber man sah eine gewisse Ähnlichkeit der Raubtiere

WINSRYG
BILLY IM MILL VALLEY

mit der in China heimischen Hunderasse des Pekinesen. Folglich bildeten die Hunde das Modell für die zum wichtigsten Symbol des chinesischen Buddhismus avancierten heiligen Löwenhunde. Bei der Zucht der Pekinesen legte man größten Wert auf die Ausprägung bestimmter, symbolisch bedeutsamer Merkmale, zum Beispiel auf die auffällige weiße Zeichnung über den Augen, die an den halbmondförmigen Lichtschein auf der Stirn Buddhas erinnern sollte. Darüber hinaus züchtete man eine Zwergrasse, die sogenannten »Ärmel-Pekinesen«, die die Adligen in ihren weiten Gewändern trugen.

REYNOLDS
MISS JANE BOWLES

Auch in Tibet und im Palast des Dalai Lama spielten Hunde eine kultische Rolle. Neben einer eigenständigen Rasse von Löwenhunden züchteten tibetische Mönche den Lhasa Apso, eine der ältesten Hunderassen der Welt. Besonders schöne Exemplare dieser auch unter dem Namen »Talisman-Hund« bekannten Tiere überreichte man dem chinesischen Kaiser als Glückssymbol.

CHRISTENSEN
JUDY ALS MUSE DER TRAGISCHEN DICHTUNG

Auch an den Höfen des Abendlandes stellten Hunde einen vertrauten Anblick dar, vor allem kleinere Begleithunde waren gefragt. Im antiken Rom hegten Frauen aus den gehobenen Gesellschaftsschichten eine besondere Vorliebe für Malteser, die sie zuweilen in den Ärmeln ihrer Gewänder mit sich herumtrugen. Der englische Hof wiederum bevorzugte Spaniels. Bevor sie, zu Ehren des Monarchen, King-Charles-Spaniel genannt wurden, hießen die Hunde dieser Rasse allgemein einfach »Tröster«. Die Zuneigung, die Karl II. (1630–1685) seinen Hunden entgegenbrachte, veranlaßte den Chronisten Samuel Pepys (1633–1703) zu bissigen Bemerkungen. Doch bildete der englische König keinen Einzelfall. Heinrich III. von Frankreich (1551–1589) erschien zu Staatsaudienzen stets mit seinen geliebten Papillons

HEWITT
M STRAND VON
LACKPOOL

Selbstverständlich blieben Schoßhunde nicht ausschließlich den Reichen vorbehalten. Gemälde und literarische Texte zeugen davon, daß sich kleine Gesellschaftshunde in allen Schichten großer Beliebtheit erfreuten. Im 19. Jahrhundert gewannen Reinrassigkeit und einwandfreie Stammbäume einen immer größeren Stellenwert. Die erste offizielle Hundeschau Englands fand 1859 in der Getreidebörse von Newcastle statt. Mit der Gründung des Kennel-Clubs (1873) wuchs das Interesse an Rassehunden weiter, bis 1891 schließlich die erste Cruft's-Hundeschau in London stattfand. Als Teilnehmer an Hundeschauen und Wettbewerben ist den Hunden zwar eine eher passive Rolle zugedacht, aber faul in den Tag hineinzuleben, ist ihnen als potentiellen Preisträgern nicht mehr gestattet.

SHONNARD
GOLDEN RETRIEVER

RENOIR
MADAME CHARPENTIER
UND IHRE KINDER

2418

HAHN

SHEILA

1986

Das Aquarell zeigt Hahns eigenen Hund in einer charakteristischen Pose. Die aus dem Schlummer gerissene Sheila hebt den Kopf vom Boden und schaut den »Störenfried« mit schläfrigen Augen an, noch unentschieden, ob es sich lohnt, ihm einen enthusiastischen Empfang zu bereiten.

MOIRA HAHN, geb. 1956

ALMASY

FRIEDLICHE KOEXISTENZ

1958

Der Hund schläft im wahrsten Sinne des Wortes »mit dem Feind«. Amüsanterweise buckelt die auf dem Mosaik dargestellte Katze und zeigt damit eine typische Abwehrhaltung gegenüber Hunden. Mit dieser instinktiven Reaktion versuchen Katzen, größer zu erscheinen, als sie in Wirklichkeit sind.

PAUL ALMASY, geb. 1906

ENGLAND

BLUTHUND IN EINER LANDSCHAFT
19. Jahrhundert

Die dicken Falten auf der Stirn lassen den Bluthund immer ein wenig trübselig aussehen, auch wenn das Tier völlig zufrieden ist. Er gilt als eine der ältesten Hunderassen Europas und stammt vom St.-Hubertus-Hund ab, der in einem Kloster in den Ardennen gezüchtet wurde. Der Bluthund ist bekannt für seine Fähigkeit, Menschen aufzuspüren, wurde aber ursprünglich bei der Jagd eingesetzt.

DUBIN

HUND MIT GELBEN AUGEN
1998

Wenn er gerade nicht als Jagdhund im Einsatz ist, kann der Golden Labrador so entspannt und relaxed aussehen wie kaum ein anderer Hund. Sein Stammbaum ist etwas anders als der des gewöhnlichen Black Labrador. Man nimmt an, daß seine Fellfärbung durch die Kreuzung von Chesapeake Bay Retriever und Golden Retriever entstand.

JOE R. DUBIN, geb. 1955

»Am Abend stritten meine Frau und ich darüber, ob der Hund in den Keller gesperrt werden sollte, was ich durchaus wünschte, da er das Haus verschmutzte, und ich wollte mich nicht davon abbringen lassen; und so gingen wir zu Bett und stritten die ganze Nacht.«

SAMUEL PEPYS, 1633–1703

BURNE-JONES

PORTRÄT DER KATIE LEWIS

1886

Katie Lewis war die jüngste Tochter des Anwalts George Lewis. Burne-Jones, ein enger Freund der Familie, schickte ihr eine Reihe von illustrierten Briefen, die 1925 unter dem Titel *Briefe an Katie* veröffentlicht wurden. Mit dem Porträt eines Mädchens in derart ungezwungener Haltung schuf der Künstler ein für seine Zeit durchaus unkonventionelles Bild.

EDWARD BURNE-JONES, 1833–1898

YASKULKA

BILDNIS VON LANA

1996

Im allgemeinen mögen Hunde es gar nicht, wenn man sie allein läßt. Allerdings wissen sie sich dafür zu entschädigen, indem sie sich die Sitzmöbel der Menschen erobern. Auch Yaskulkas träge ausgestreckte Labrador-Hündin scheint das Sofa wesentlich bequemer zu finden als ihren Hundekorb.

HAL YASKULKA, geb. 1964

CHRISTENSEN

JUDY ALS MUSE

DER TRAGISCHEN DICHTUNG

1998

Als Vorlage für dieses Bild diente Christensen ein von Joshua Reynolds (1723–1792) gemaltes Porträt mit dem Titel *Mrs. Siddons als Muse der tragischen Dichtung.* Möglich, daß Reynolds eine solche Abwandlung seines Motivs irritiert hätte. Allzu laute Kritik dürfte er sich allerdings kaum erlauben, denn Mrs. Siddons nimmt auf seinem Bild eine Pose ein, die auf Michelangelo zurückgeht. Dieser stellte in der Kuppel der Sixtinischen Kapelle Jesaja in eben dieser Haltung dar.

WES CHRISTENSEN, geb. 1949

»Zu Hause ist jeder Hund ein Löwe.«

GIOVANNI TORRIANO,
17. JAHRHUNDERT

WINSRYG
BILLY IM MILL VALLEY
1998

Häufig als »Schoßhunde« bezeichnet, heißt es von kleinen Hunden, sie seien fauler und verwöhnter als ihre größeren Artgenossen. Mehr noch als andere Hunde haben Pekinesen unter diesem Vorurteil zu leiden. Dies mag zum einen daran liegen, daß sich einige Züchter bemühen, immer kleinere Exemplare hervorzubringen, zum anderen verdankt es sich aber auch der Tatsache, daß man Pekinesen offenbar besonders gern mit Schleifchen und dergleichen schmückt. Billys aufmerksamer Blick verrät, daß Pekinesen in Wahrheit ebenso wachsame wie furchtlose Hunde sind.

MARIAN WINSRYG, geb. 1941

LEWIS

LEKTÜRE AM FENSTER
um 1870

Eine Szene vollkommenen häuslichen Glücks. Eine junge Frau sitzt lesend am Fenster eines Hauses mit Blick auf das Meer bei Hastings. Der kleine Terrier zu ihren Füßen schaut erwartungsvoll zu ihr auf, in der Hoffnung, sie möge das Buch beiseite legen und sich mit ihm beschäftigen.

CHARLES LEWIS, 1830–1892

FRANKREICH

CHRISTINE DE PISAN SCHREIBEND AN IHREM PULT (AUSSCHNITT)
um 1410–1415

Frauenporträts motivisch um Hundedarstellungen zu ergänzen, wurde zu einer Art Stereotyp: Die Tiere symbolisierten Treue und Tugendhaftigkeit. Die hier porträtierte Christine de Pisan (um 1364–1430), Tochter eines königlichen Astrologen, war die erste Französin, die sich durch Schreiben ihren Lebensunterhalt sicherte. Ihr bekanntestes Werk, die *Epistel an Othéa*, handelt vom Trojanischen Krieg.

Folgende Seite ▶

CANDID

DIE GESCHICHTE ESTHERS (AUSSCHNITT)
16. Jahrhundert

Als Esther, die jüdische Gemahlin des persischen Königs Xerxes, von einem geplanten Massaker an ihrem Volk erfährt, sucht sie, gegen die Regeln des Hofes verstoßend, ihren Gatten auf, um für das Leben der Juden zu bitten. Candid versuchte, die Szenerie »exotisch« zu gestalten, doch die zu Füßen des Throns lagernden Hunde hätte man auch an jedem abendländischen Hof finden können.

PETER CANDID, um 1548–1628

MORISOT

MIT EINEM HUND SPIELENDES MÄDCHEN
19. Jahrhundert

Auch wenn Mary Cassatt (1844–1926) für sich in Anspruch nahm, die talentierteste Malerin des Impressionismus zu sein, gebührt dieser Titel eindeutig Morisot. In eindrucksvoller Weise gelang es ihr, die ruhige Atmosphäre häuslichen Lebens einzufangen. Selbst diese einfache Skizze gibt die verspielte Haltung des Hundes in überzeugender Weise wieder.

BERTHE MORISOT, 1841–1895

CLAIRIN

SARAH BERNHARDT
1876

Die »göttliche Sarah« (1844–1923), zu ihrer Zeit Frankreichs größte Schauspielerin, galt als passionierte Tierliebhaberin. Während eines Gastspiels in England versammelte sie innerhalb kürzester Zeit eine ganze Menagerie um sich, darunter drei Hunde, einen Papagei, einen Geparden, einen Affen und nicht weniger als sieben Chamäleons.

GEORGES CLAIRIN, 1843–1919

RENOIR

MADAME CHARPENTIER UND IHRE KINDER
1878

Indem er seine Modelle in ihrer häuslichen Umgebung malte, setzte Renoir neue Akzente in der Porträtmalerei. Madame Charpentier führte einen literarischen und politischen Salon, wodurch sie zu einer einflußreichen Figur der Pariser Gesellschaft aufstieg. Renoir zeigt sie hier in privater Umgebung zusammen mit ihren Kindern. Das jüngere der beiden ist übrigens – trotz Kleidchen und Lockenpracht – ein Junge.

PIERRE-AUGUSTE RENOIR, 1841–1919

MALBON

NEBEN DEM SESSEL SEINES HERRN
1850

Den Trophäen an der Wand zufolge handelt es sich beim abwesenden Herrn dieses Hundes um einen begeisterten Jäger. Da man Meutehunde im allgemeinen nicht im Haus hielt, handelt es sich hier entweder um einen Jagdhund oder – was wahrscheinlicher ist – um einen verwöhnten Haushund, der sich ein warmes Plätzchen am Kamin gesucht hat. Wäre nicht der Hut im Wege, er hätte es sich mit Sicherheit auf dem Sessel bequem gemacht.

WILLIAM MALBON, 1805–1877

51.

TIZIAN
DANAE
1553

Danae wurde von ihrem Vater in einen bronzenen Turm gesperrt, da diesem geweissagt worden war, er werde den Tod durch die Hand eines Enkels finden. Dennoch gelangte Zeus in Form eines Goldregens in den Turm und wohnte ihr bei. Das Gemälde zeigt die begierig ihre Schürze aufhaltende Magd der Danae, während der Hund der amourösen Begegnung keine Aufmerksamkeit schenkt. Der von Zeus gezeugte Sohn Danaes erfüllte schließlich das tödliche Orakel.

Tizian (Tiziano Vecellio), um 1485–1576

DEUTSCHLAND
DER LIEBESZAUBER
um 1470

Die Göttin Venus nutzt all ihre Schliche, um einen jungen Mann zu berücken. Verschiedene ihrer Verführungskunst zugeschriebene Attribute sind zu sehen: Spiegel, Perlenschale, Schwalbe und magischer Gürtel, der jeden, der ihn trägt, unwiderstehlich schön macht. Der Hund zählt zwar nicht zu den traditionellen Attributen der Venus, war aber für die Maler der Renaissance beliebtes Beiwerk für Bilder von Schlafgemächern. Hier hat sich das Tier mit einem Kissen auf dem Boden zu begnügen.

»Das Leben eines Hundes besteht aus Hunger und Bequemlichkeit.«

ENGLISCHES SPRICHWORT

SHONNARD
GOLDEN RETRIEVER
1994

Um sich auszuruhen, nehmen Hunde die verschiedensten Positionen ein. Die meisten liegen zusammengerollt auf dem Boden und folgen damit ihrem Instinkt, verletzliche Körperpartien zu schützen. Einige der größeren Rassen jedoch fühlen sich mehr oder minder unangreifbar, so daß sie sich mit dem Bauch flach auf den Boden legen. Dieser Golden Retriever scheint sich so sehr in Sicherheit zu wiegen, daß er nicht einmal den Kopf hebt, um sich gegen den aufdringlichen Fotografen zu verwahren.

TIMOTHY SHONNARD, 20. Jahrhundert

STRETTON
IST DIE KATZE AUS DEM HAUS, TANZEN DIE MÄUSE
um 1890

Jede Maus wäre schlecht beraten, näherte sie sich tatsächlich in dieser Weise einem Hund. In früheren Zeiten galt die Jagd auf Ratten noch als anerkannter Sport, und man richtete Hunde speziell auf Nagetiere ab. Als die besten Rattenfänger erwiesen sich Terrier, während Bluthunde traditionellerweise auf die Fährte wesentlich größerer Beute angesetzt wurden – auch auf die flüchtiger Menschen.

PHILIP STRETTON, tätig 1879–1922

HEWITT

AM STRAND VON BLACKPOOL
1956

Als Rudeltiere schlafen Hunde gerne dicht beieinander. Deshalb wird auch ein Haushund lieber im Bett seines Herrn (des Rudelführers) oder zumindest doch in dessen Nähe schlafen als in der Küche. Es sich gar auf seinem Herrn bequem zu machen, ist natürlich die beste Lösung.

CHARLES HEWITT, 20. Jahrhundert

ENGLAND

GRATISFAHRT
20. Jahrhundert

Wie faul kann ein Hund sein? Das kuriose Foto zeigt einen Fahrradfahrer mit einem Windhund auf seinen Schultern auf dem Weg durch Battersea, einen Stadtteil im Süden Londons. Wer aufmerksam hinschaut, bemerkt in seiner Jackentasche auch noch einen Welpen.

MARC

SCHLAFENDER HUND

1909

Bevor Marc zu seinem eigenen, den Expressionismus prägenden Stil fand, malte er realistische Bilder. Dieses Gemälde entstammt einer Phase, in der Marc Unterricht über die Anatomie der Tiere erteilte und regelmäßig im Berliner Zoo skizzierte.

FRANZ MARC, 1880–1916

LÓPEZ

HUND

1997

Das Porträtieren von Hunden erweist sich im 20. Jahrhundert als »aussterbende Kunst«. In dieser Studie beweist López Sinn fürs Detail. Das Tier zieht den Teppich, auf dem es sich wohlig ausgestreckt hat, eindeutig dem Hundekorb vor.

RICHARD LÓPEZ, geb. 1943

STRETTON

ERSCHÖPFT

1922

Der Titel des Bildes legt den Schluß nahe, der kleine Kerl erhole sich an der Seite seines Herrn von einer tapfer bestrittenen Jagd. In Wahrheit jedoch gelangte eine Meute kaum jemals ins Haus. Überdies ist davon auszugehen, daß auch dem Lieblingshund eines Jägers nicht erlaubt war, sich auf dessen Jagdkleidung auszuruhen.

PHILIP STRETTON, tätig 1879–1922

»Sie war nun kein verhätscheltes Lämmchen mehr; sie gehörte jetzt zu den Hunden. Die Hunde ihrerseits stritten und kämpften zwar häufig miteinander, schnappten aber nie nach Libby und knurrten sie auch nicht an; sie versuchte nie, ihnen einen Knochen wegzunehmen, und sie diente ihnen als bequemes Kissen, wenn sie stundenlang schliefen.«

WILLIAM HENRY HUDSON, 1841–1922

CARRION
MONTY
1999

Der Dackel oder auch »Dachshund« wurde ursprünglich bei der Jagd auf Füchse und Dachse eingesetzt, denen er bis in deren Bau hinein nachstellte. Doch die Zeiten haben sich geändert, und die meisten der heute als Haushunde gehaltenen Dackel würden einen Dachs wahrscheinlich nicht einmal als Beute erkennen. Und statt in unterirdische Bauten graben sie sich inzwischen mit Vorliebe in Bettdecken ein.

MARAVILLAS CARRION, geb. 1968

YASKULKA

MONA

1997

Wenn Mona schlafen will, rollt sie sich zu einer winzigen schwarzweißen Kugel zusammen. Yaskulka malt und zeichnet seine ihm im Atelier Gesellschaft leistende Hündin häufig. Ein geduldigeres Modell als seinen kleinen dicken Mops könnte er kaum finden.

HAL YASKULKA, geb. 1964

NAVA

PORTRÄT VON KELLY M. (MIT MAVIS) (AUSSCHNITT)

1997

Hunde hassen es, ausgeschlossen zu werden. Als Nava den Auftrag erhielt, Kelly zu porträtieren, bestand deren kleine Hündin Mavis darauf, mit von der Partie zu sein. Sie ließ sich während der Sitzungen derart häufig zu Füßen ihres »Frauchens« nieder, daß Nava die Hündin schließlich in das Bild integrierte.

JOHN NAVA, geb. 1947

»Ein Mensch, der Hunde mag, ist eine Sache; aber ein Mensch, der einen Hund liebt, ist etwas vollkommen anderes. Hunde sind im besten Falle nicht mehr als verlauste Rumtreiber, sich ständig kratzende Wesen, Aasfresser und unrein nach den Gesetzen Moses' und Mohammeds; aber ein Hund, mit dem man mindestens die Hälfte des Jahres allein lebt, ein freies Wesen, das durch Liebe so fest an dich gebunden ist, daß es sich ohne dich nicht von der Stelle rührt, eine geduldige, ausgeglichene, humorvolle, weise Seele, die deine Launen errät, bevor du sie selbst kennst, ist alles andere als ein Hund.«

RUDYARD KIPLING, 1865–1936

BISSELL

NACHTWACHE AN DER KREUZUNG

1996

Der Titel des Bildes ist ironisch gemeint: Statt einer Kreuzung ist eine schmale, beängstigend enge Allee zu sehen, während der Hund keinen sonderlich wachsamen Eindruck vermittelt. Dennoch erscheint die vorherrschende Stimmung beunruhigend. Was störte die Gruppe schwarzer Vögel – häufig Vorboten des Unglücks – auf und veranlaßte sie zur Flucht? Der Hund erinnert in seiner Reglosigkeit an die in der Antike als Wächter vor Grabeingängen plazierten Hundeskulpturen.

ROBERT BISSELL, geb. 1952

PARSONS

HEISSER NACHMITTAG

20. Jahrhundert

Als sich – bedingt durch zunehmende Industrialisierung und rasches Bevölkerungswachstum – das Leben in den Städten des viktorianischen Englands immer hektischer gestaltete, begannen die Menschen, von ländlicher Idylle zu träumen. Sie sehnten sich nach einem Ort, wo die Blumen blühten und anstelle des Lärms der Großstadt Vogelzwitschern und Bienengesumm zu hören war und wo man glücklich in der Sonne baden konnte, so wie der Hund auf diesem Bild.

ALFRED PARSONS, 1847–1920

CHARLTON

FUCHSHUND-WEIBCHEN MIT WELPEN
1880

Eine Hündin mit einem Wurf kommt kaum zur Ruhe. Die Welpen wurden gerade erst gesäugt, und schon will das Junge links im Bild spielen. Die Aufmerksamkeit der Geschwister ist bereits geweckt, doch die Hündin scheint entschlossen, sich noch ein paar Augenblicke Ruhe zu gönnen.

JOHN CHARLTON, 1849–1917

ENGLAND

MÜDE LANDARBEITERIN
20. Jahrhundert

Im alten Rom hielten sich die Patrizier Hunde, deren Gebell sie vor potentiellen Dieben warnen sollte, während sich die ärmeren Familien mit Gänsen begnügen mußten. Betrachtet man den schläfrigen Hund auf diesem Foto eines Bauernhofs in Hertfordshire, ist Gänsen unter Umständen doch eher der Vorzug zu geben.

BONIFAZIO

VENUS UND CUPIDO

16. Jahrhundert

Venus wurde nicht selten in ihrem Schlafgemach dargestellt, einem Ort, der den Vorwand für die Anwesenheit eines verhätschelten Schoßhundes bot. Bemerkenswert ist die Erweiterung der Szenerie durch eine Landschaft, die es Cupido ermöglicht, für seine Mutter Rosen zu pflücken. Der Legende nach verdanken wir ihr die roten Rosen, weil sie sich den Fuß an einem Dorn verletzte und sich ihr Blut über die Blätter einer weißen Blüte ergoß.

BONIFAZIO VERONESE, 1487–1553

LÓPEZ

HUND 1

20. Jahrhundert

Ein immer wieder von López aufgegriffenes Thema ist die Situation der hispano-amerikanischen Arbeitsmigranten. Mit diesem Gemälde wendet er sich deren immer präsentem Begleiter bei der Feldarbeit zu – dem Hund.

RICHARD LÓPEZ, geb. 1943

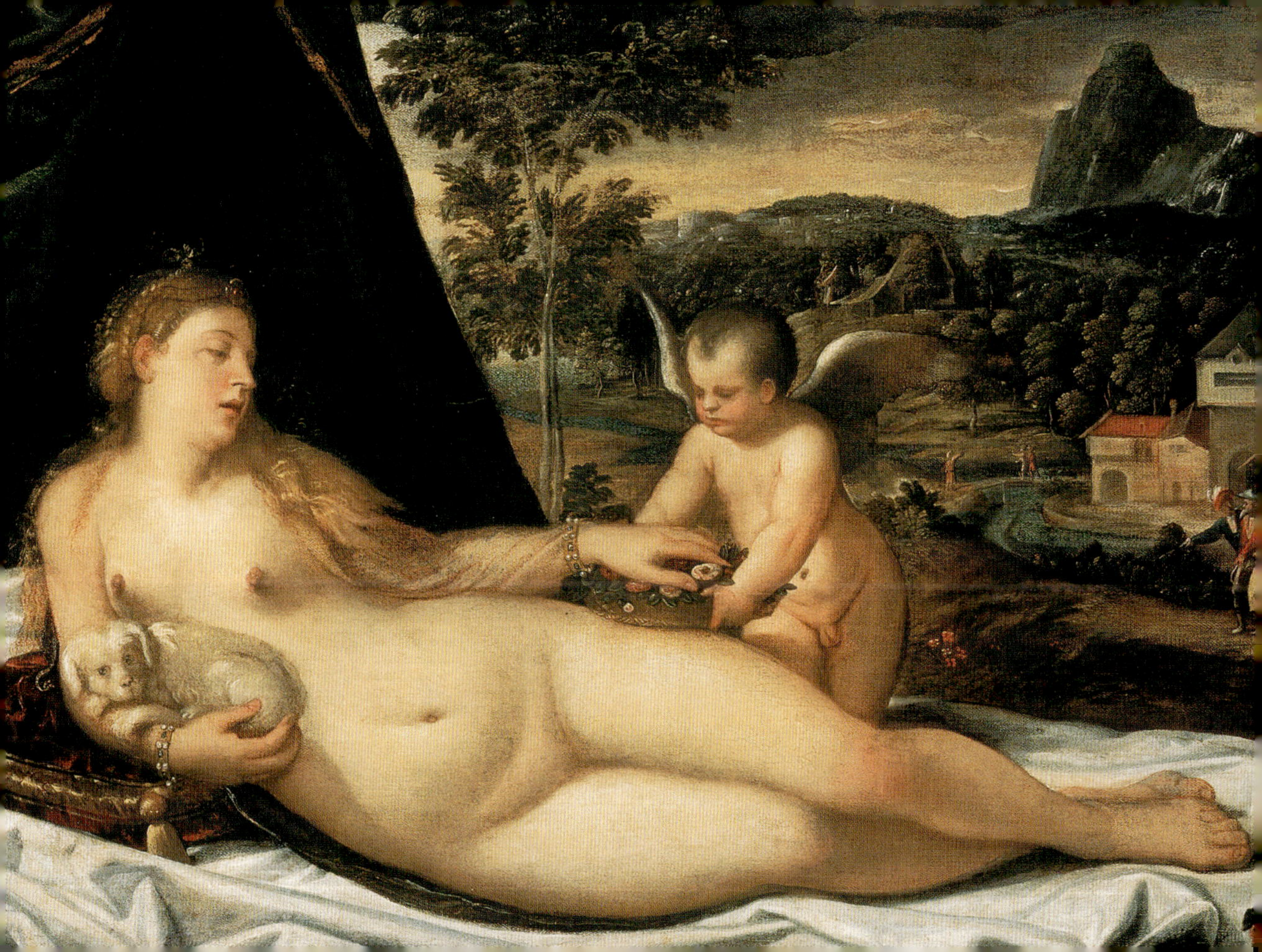

REYNOLDS

MISS JANE BOWLES

1775

Reynolds schuf exzellente Kinderbildnisse, auf denen häufig auch Hunde zu sehen sind. Die Pose des Mädchens erinnert in ihrer Spontaneität an einen modernen Schnappschuß. Das Kind umarmt den Hund ein wenig zu fest, weshalb er sich dabei nicht gerade wohl zu fühlen scheint und sich dem Griff des Kindes so schnell wie möglich entzogen haben dürfte.

JOSHUA REYNOLDS, 1732–1792

LARGILLIÈRE

DIE SCHÖNE STRASSBURGERIN
18. Jahrhundert

King-Charles-Spaniels erfreuten sich im 17. Jahrhundert vor allem in den Königs- und Adelshäusern Europas größter Beliebtheit. Im Laufe der Zeit wurde die Schnauze der Rasse durch Züchtung immer kürzer, was nicht jedem gefiel. So setzte 1926 der in New York lebende Hundeliebhaber Roswell Eldridge einen Preis für den Züchter aus, dem es gelingen würde, die alte, langschnäuzige Variante wiederzubeleben. Dabei herausgekommen ist der Cavalier-King-Charles-Spaniel, heute die häufiger vertretene der beiden Rassen.

NICHOLAS DE LARGILLIÈRE, 1656–1746

»Er arbeitet nicht und spinnt nicht, doch selbst Salomon in all seiner Pracht lag nie tagelang auf der Fußmatte, sonnensatt und fliegenverwöhnt und fett, während sein Herr arbeitete, um das Geld zu verdienen, mit dem sich ein träges Wedeln des salomonischen Schwanzes erkaufen läßt, gewürzt mit einem Blick nachsichtiger Anerkennung.«

AMBROSE BIERCE, 1842 BIS UM 1914

EARLE

EINSAMKEIT – AUF TRISTAN DA CUNHA
NACH EINEM SCHIFF AUSSCHAU HALTEND
1824

Selbst für einen Hund konnte das Leben in der britischen Kolonie Tristan da Cunha schrecklich einsam sein. 1816 errichtete man auf dieser abgelegenen Insel im Südatlantik eine Garnison, nachdem Versuche, hier eine Siedlung zu gründen, gescheitert waren. Ein Jahr später bereits zogen die Militärs fast vollständig wieder ab und überließen die wenigen Siedler ihrem Schicksal. Einige schiffbrüchige Seeleute konnten dazu überredet werden, auf der Insel zu bleiben – daher vielleicht die nächtliche Wache auf dem Felsen –, doch auch 1886 umfaßte die Kolonie nicht mehr als 97 Einwohner.

AUGUSTUS EARLE, 1793–1838

KAPITEL 7

Der Hund als Symbol

MARIAN WINSRYG

LULU

GIOTTO
DER TRAUM
DES JOACHIM

Hunde spielten seit jeher eine wichtige Rolle. Entsprechend groß ist die zuweilen verwirrende Bandbreite der symbolischen Bedeutungen, die ihnen in verschiedenen Kulturen, Religionen oder Mythen zugeschrieben werden.

Im Abendland ist der Hund vor allem ein Symbol der Treue. In der Porträtmalerei versinnbildlicht er besonders die eheliche Treue, aus dem Mittelalter kennen wir den zu Füßen seines Herrn auf dem Sarkophag liegenden treuen Hund. Im Orient dagegen gelten Hunde eher als Symbol von Wachsamkeit und Schutz. Figürliche Darstellungen von Hunden fanden sich an Tempel- und Palasteingängen oder wurden den Toten als Grabbeigabe mitgegeben, um böse Geister zu verscheuchen und die Seelen der Verstorbenen auf ihrem Weg in die Unterwelt zu begleiten.

ÄGYPTEN
FIGUR EINES SCHAKALS

VECCHI
HIMMELSKARTE
(AUSSCHNITT)

Auch in allegorischer Hinsicht kommt dem Hund Bedeutung zu, so verkörpert er unter anderem in Allegorien zu den fünf Sinnen den Geruchssinn. Das wohl bekannteste Beispiel gibt die Gobelinserie *Jungfrau mit dem Einhorn* (um 1510). Überraschen mag die Identifikation des Hundes mit Affekten wie Neid (eine der sieben Todsünden) oder Melancholie (eines der vier Temperamente), wie sie sich in Albrecht Dürers Radierung mit dem Titel *Melencolia I* (1514) zeigt.

HONDT
DAS SAMMELN
DER TIERE

In der Astrologie besetzt der Hund den Platz des elften von insgesamt zwölf Tieren, soweit es den chinesischen und den japanischen Tierkreis betrifft. Der Legende nach rief Buddha zu Beginn der Schöpfung die entsprechenden zwölf Tiere zusammen und widmete jedem von ihnen ein Jahr. Das nächste Jahr des Hundes ist 2006. Ähnliches findet sich in den Kalendarien der Mayas (4. bis 10. Jahrhundert) und der Azteken (12. bis 16. Jahrhundert), in denen ein Hund den zehnten Tag verkörpert. Die unter diesem Zeichen Geborenen galten als besonders befähigte Anführer.

ENGLAND
ENGLISCHE BULLDOGGE

Darüber hinaus hat man in vielen Teilen der Erde Hunde auch mit nationaler Identität in Verbindung gebracht. Eines der faszinierendsten Beispiele stammt aus Holland, wo im ausgehenden 18. Jahrhundert der »Keeshond« zum Symbol für die Erhebung gegen das Haus Oranien avancierte. Die Aufständischen nannten sich »Keezen«, was zum einen auf das Verb *keesen (nagen oder beißen)* zurückgeht, zum anderen aber auch auf den Rebellenführer Kees de Gyeselaer verweist, dessen spitzartiger Hund nach seinem Herrn benannt wurde.

Für besondere Popularität einzelner Hunderassen sorgen die patriotischen Eigenschaften, die man ihnen zuweilen zuschreibt. In

ENGLAND
DER GEHILFE DES WEIHNACHTSMANNS

Großbritannien gilt zum Beispiel die Bulldogge als Inbegriff der Vaterlandsliebe, während man den deutschen Schäferhund nach dem Ersten Weltkrieg in *Alsation Shepherd* (wörtlich: *elsässischer Schäferhund*) umbenannte, um ihn vor antideutschen Ressentiments zu schützen.

Die Deutschen selbst fühlten sich weit enger dem Dackel verbunden. Kaiser Wilhelm II. (1859–1941) besaß mehrere dieser intelligenten kleinen Hunde, und vor dem Weltkrieg bildeten gerade die Dackel ein beliebtes, häufig humoristisch gestaltetes Motiv deutscher Künstler und Illustratoren. Nach der Niederlage jedoch änderte sich dies grundlegend. In seinem von beißendem Sarkasmus geprägten Bild *Der Streichholzhändler I* (1920) zeigt Otto Dix einen verkrüppelten Kriegsveteran mit einem Dackel als Symbol des allgemeinen Niedergangs.

DIX
DER STREICH-HOLZHÄNDLER I

BOURHILL

BERNHARDINER
VOR EINER ALPENLANDSCHAFT
1892

Diese bekannte Rasse verdankt ihren Namen dem Augustinermönch Bernard de Menthon (923–1008), dem Gründer des Hospizes auf dem Alpenpaß des Großen Sankt Bernhard. Die dort lebenden Mönche hatten es sich zur Aufgabe gemacht, Menschen aus Bergnot zu retten. Offenbar hielt man im Hospiz schon sehr früh Hunde, aber sie kamen wohl erst seit Mitte des 17. Jahrhunderts bei Lawinenunglücken zum Einsatz. Der Heilige Bernhard ist der Schutzpatron der Bergsteiger.

JAMES BOURHILL, 19. Jahrhundert

SUTHERS

ZWEI BERNHARDINER VOR
EINER ALPENLANDSCHAFT
19./20. Jahrhundert

Um Bernard de Menthon rankt sich eine Reihe von Legenden, in denen Hunde eine wichtige Rolle spielen. In der *Legenda aurea* aus dem 13. Jahrhundert zum Beispiel heißt es, Bernards Mutter habe während der Schwangerschaft wiederholt geträumt, sie trage in ihrem Leib einen laut bellenden Welpen. Verschiedene Kommentatoren verweisen mit Recht auf die verblüffende Ähnlichkeit zwischen dem Fell der Bernhardiner und dem Wappen des Augustinerordens.

LEGHE SUTHERS, 1856–1924

ENGLAND

MARCUS' TEESTUNDE

1964

Bernhardiner sind bekannt dafür, daß sie in Bergnot geratene Wanderer mit Nahrung versorgen. Es ist also nur fair, wenn die Menschen sich dafür bei den Tieren revanchieren. »Marcus« teilt offensichtlich die englische Vorliebe für Tee. Ohnehin gehört das Bild vom Bernhardiner mit dem Cognac-Fäßchen um den Hals in den Bereich der Volkslegenden – die Hunde bringen den im Schnee Eingeschlossenen allenfalls Decken und Brot.

SPERLING

BERNHARDINER UND ZWERGPINSCHER

19./20. Jahrhundert

Die Ursprünge des Bernhardiners liegen im dunkeln, einige Kynologen gehen aber davon aus, daß er vom tibetischen Mastiff abstammt, der um 485 v. Chr. durch den persischen König Xerxes (um 519–465 v. Chr.) nach Europa gelangte. Kurioserweise bat man die Mönche des Hospizes auf dem Großen Sankt Bernhard 1932, eine ähnliche Einrichtung in Tibet zu gründen. Der heute häufigere langhaarige Typus erweist sich übrigens als weniger erfolgreich bei der Rettung als der kurzhaarige, da sich in seinem Fell leicht Eisklumpen festsetzen.

HEINRICH SPERLING, 1844–1924

»Hüte dich vor leisen Hunden und stillen Wassern.«

LATEINISCHES SPRICHWORT

SAVERY

ORPHEUS VERZAUBERT DIE TIERE
um 1618

Der thrakische Musiker und Dichter Orpheus vermochte der griechischen Sage nach mit seinen Gesängen die Geschöpfe der Natur zu verzaubern. In der Malerei war seine Geschichte willkommener Anlaß, eine andere Variante des »Gartens Eden« zu malen. Während sich auf diesem Gemälde die verschiedensten Tierarten finden, ist der unter einem Baum im Bildhintergrund stehende Orpheus als einziger Mensch kaum zu erkennen. Wie in zahlreichen anderen Darstellungen des Paradieses werden auch hier sich sonst feindlich gesinnte Tiere in harmonischem Miteinander gezeigt.

ROELANDT SAVERY, 1576–1639

CORREGGIO

JUPITER UND GANYMED
um 1530

Ganymed, eine Figur der griechischen Mythologie, war ein für seine Schönheit gepriesener Hirtenjunge. Zeus begehrte den Knaben, verwandelte sich in einen Adler und entführte ihn von seiner Herde. Das Gemälde zeigt Ganymeds Hund, der vergeblich versucht, den Entführer durch wütendes Bellen zu vertreiben. Zeus brachte den Jungen auf den Olymp, wo er als Mundschenk an der Göttertafel diente.

CORREGGIO, um 1489–1534

TIZIAN

VENUS UND ADONIS
1553

Venus verliebte sich unsterblich in den schönen Adonis, der ihre Liebe allerdings nicht erwiderte (hier verdeutlicht durch den schlafenden Cupido im Hintergrund). Tizian zeigt den sich mit seinen Hunden zum Aufbruch rüstenden Adonis. Venus versucht ihn zurückzuhalten; vielleicht ahnt sie bereits, daß er kurz darauf bei der Jagd ums Leben kommen wird.

TIZIAN (TIZIANO VECELLIO), um 1485–1576

»Der Hund, der jede Nacht eine Stunde lang zum Kläffen nach draußen gelassen wird, hat sich im Licht des Mondes direkt vor der Tür postiert, und in dem Glauben, er sei Wachhund auf einem einsamen, von Straßenräubern belagerten Bauernhof, schlägt er einen unglaublichen Krach.«

ROBERT LOUIS STEVENSON, 1850–1894

BURNE-JONES

ZERBERUS

1875

Die griechische Mythologie berichtet von Zerberus, dem dreiköpfigen Höllenhund, der an den Pforten des Hades lauerte, um die Lebenden zu verschlingen. Bei Burne-Jones erscheint diese wilde Kreatur vergleichsweise zahm. Manchen Quellen zufolge wuchsen aus den drei Köpfen des Zerberus Schlangen, während sein Schwanz mit Dornen versehen war.

EDWARD BURNE-JONES, 1833–1898

VECCHI

HIMMELSKARTE (AUSSCHNITT)

um 1574–1575

Auf alten astronomischen Karten findet man eine Vielzahl von Hunden als Sternbilder. An erster Stelle stehen die Hunde des Orion, nämlich Sirius (im Sternbild Großer Hund) und Maera oder Laelaps (im Sternbild Kleiner Hund). Orion, der Sage nach ein großer Jäger und enger Vertrauter der Göttin Diana, kam bei der Jagd ums Leben. Darauf trug sie ihn in den Himmel und gab ihm einen Platz zwischen den Sternen.

GIOVANNI DE' VECCHI, 1536/37–1615

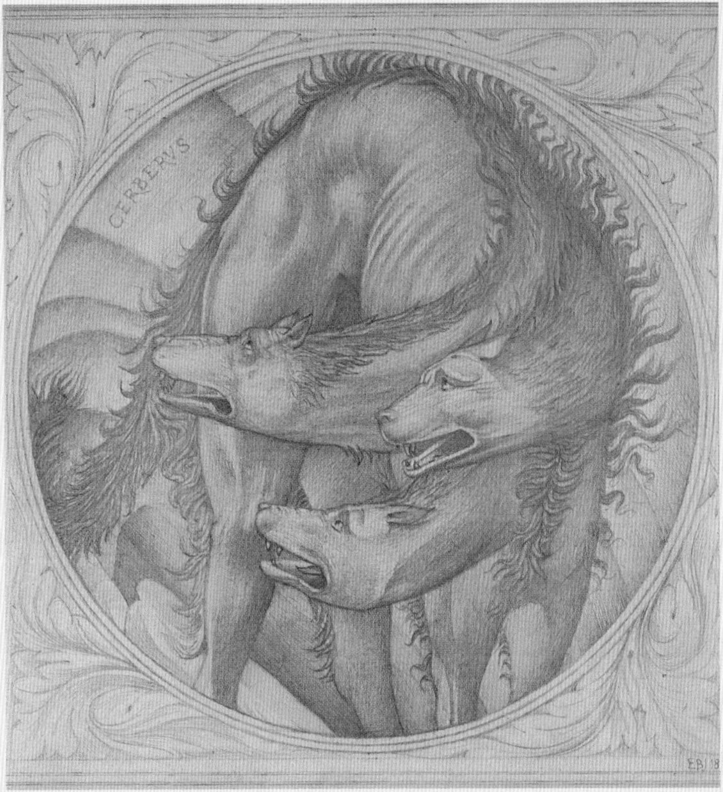

HERBERG

HUND

1987

Herbergs durch die *Lupa Romana* (siehe rechts) inspirierte Darstellung einer Hündin symbolisiert die Mutterschaft. Fast schaut es so aus, als balanciere das im Profil gezeichnete Tier auf zwei Beinen. Es scheint auf die Rückkehr seiner Jungen zu warten, um sie aus seinen prall gefüllten Zitzen zu säugen.

MAYDE MEIERS HERBERG, geb. 1946

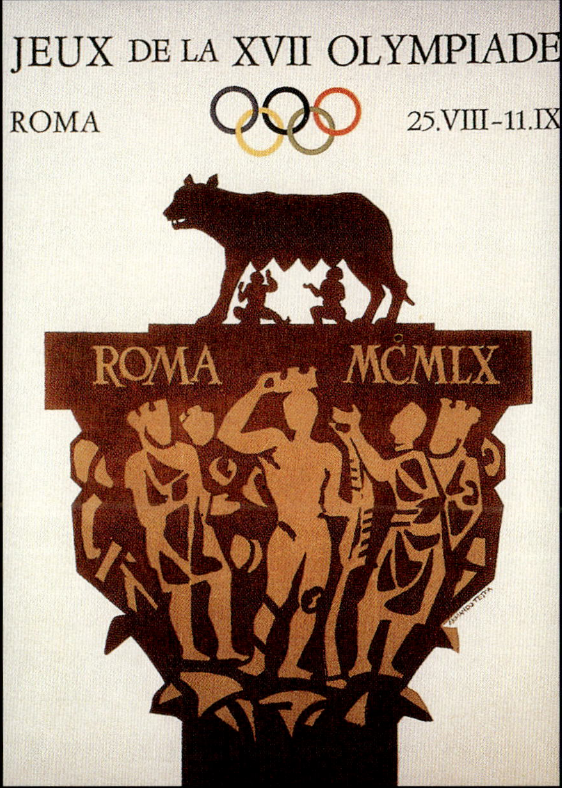

ITALIEN

PLAKAT FÜR DIE OLYMPISCHEN SPIELE

1960

Bei ihrer Werbung für die olympischen Sommerspiele in Rom griffen die italienischen Behörden auf die *Lupa Romana*, das Symbol der Stadt, zurück. Das Bild der die Gründer Roms nährenden Wölfin basiert auf einer bekannten etruskischen Statue aus dem 5. Jahrhundert v. Chr. Viele Jahre lang stand diese Statue vor dem Lateran-Palast, bis Papst Sixtus IV. sie der Stadt schenkte. Die Figuren von Romulus und Remus wurden übrigens erst in der Renaissance hinzugefügt.

ÄGYPTEN

FIGUR EINES SCHAKALS

7./6. Jahrhundert v. Chr.

Der Schakal versinnbildlichte im alten Ägypten die Totengötter Anubis und Apuet, die die Seelen der Verstorbenen durch die Unterwelt ins Reich des Osiris führten. Sie wurden entweder in der Gestalt eines Schakals oder – vor allem in den Hieroglyphen – als Menschen mit Schakalkopf dargestellt.

ÄGYPTEN

DER TOTENGOTT ANUBIS BEUGT SICH ÜBER DIE MUMIE DES SENNUTEM

14. Jahrhundert v. Chr.

Anubis war ein ägyptischer Totengott. Er wachte über die Grabstätten und die Einbalsamierung der Leichen. Die hierfür zuständigen Priester trugen traditionsgemäß Schakalmasken. Auch die Waage der Wahrheit, mit der über die Taten der Toten gerichtet wurde, unterstand Anubis. Hier hält er schützend seine Hände über Sennutem, einen Beamten der Grabstätten von Dayr-al-Madinah.

MON SEVL DESIR

»Hunde sind uns treue Wächter; sie lieben und bewundern ihre Herren; sie hassen Fremde; ihr Geruchssinn ist bemerkenswert; groß ist ihr Eifer bei der Jagd – was anderes sollte all dies heißen, als daß sie zum Nutzen des Menschen erschaffen wurden?«

MARCUS TULLIUS CICERO, 106–43 V. CHR.

ANONYM
ALRAUNWURZEL
12. Jahrhundert

Der Alraune schrieb man magische Eigenschaften zu. Sie diente zur Bereitung von Liebestränken, heilte unfruchtbare Frauen, verschaffte hellseherische Fähigkeiten und verstärkte die Zauberkraft der Hexen. Die Pflanze zu pflücken galt allerdings als ziemlich gefährlich, denn die nur in der Nähe von Galgen zu findende Alraune mit ihrer menschenähnlich geformten Wurzel schrie angeblich laut auf, wenn man sie aus dem Boden zu ziehen versuchte. Wer ihren Schrei hörte, mußte sterben. Daher überließ man die Erledigung dieser tödlichen Aufgabe lieber den Hunden, indem man sie einfach an deren Wurzeln festband.

FRANKREICH
JUNGFRAU MIT EINHORN
15. Jahrhundert

Dieser Gobelin ist Teil eines Ensembles, das die allegorische Darstellung der fünf Sinne mit Szenen einer magischen Jagd kombiniert. Die dargestellten Hunde symbolisieren den Geruchssinn, ein Meer von Blüten unterstreicht dies nachdrücklich.

DÜRER

MELENCOLIA I

1514

Zu den in der Renaissance häufig in allegorischer Weise dargestellten vier Temperamenten zählt auch die Melancholie. Melancholisch zu sein galt nicht als negativ, sondern als Ausdruck für eine in sich gekehrte, kontemplative Lebensführung. In der Mythologie war die Melancholie (hier als geflügelte Gestalt dargestellt) die Tochter des Gottes Saturn, dessen Attribut der Hund war – und der daher hier abgebildet ist.

ALBRECHT DÜRER, 1471–1528

CARPACCIO

DER HL. AUGUSTINUS

um 1502

Carpaccios Bilder stecken voller anekdotischer Details über den venezianischen Alltag. Hier begegnen wir Augustinus (354–430), einem der wichtigsten Kirchenväter und Verfasser bedeutender theologischer Schriften, inmitten von Büchern und Manuskripten. Während der Heilige – wohl auf Inspiration hoffend – sinnend aus dem Fenster schaut, erhofft sich sein Hund lediglich ein bißchen Aufmerksamkeit.

VITTORE CARPACCIO, um 1450/60–1525/26

STROZZI

MADONNA IM ROSENGARTEN MIT DEM HL. ROCHUS, DEM HL. DOMINIKUS UND DEM HL. SEBASTIAN
17. Jahrhundert

Strozzi erinnert daran, daß der Hund des Rochus seinem Herrn einen Brotlaib brachte, als dieser mit der Pest darniederlag. Auch den hl. Dominikus bringt man mit einem Hund in Verbindung. Als seine Mutter um ein Kind betete, hatte sie die Vision eines Hundes mit einer brennenden Fackel in der Schnauze – ein Sinnbild für den brennenden Glauben ihres zukünftigen Sohnes.

BERNARDO STROZZI, 1581–1644

LILIO

HL. ROCHUS
16. Jahrhundert

Der hl. Rochus wurde wegen seiner aufopferungsvollen Arbeit mit Pestkranken als deren Schutzpatron verehrt. Den Heiligen, auf dessen entblößtem Oberschenkel eine Pestnarbe zu sehen ist, stellte man vorzugsweise mit einem Hund dar, weil man glaubte, der Speichel dieser Tiere habe heilende Kräfte.

ANDREA LILIO, 1555–1610

Folgende Seite ▶

KESSEL

DER GARTEN EDEN (AUSSCHNITT)
1659

In der Kunst ist die Tiermalerei ein eigenes Sujet, das früher wenig Anerkennung fand. Ein biblisches Thema wie der Garten Eden ließ sich dagegen ohne Ansehensverlust bearbeiten und war daher sehr beliebt. Es überrascht kaum, daß Adam und Eva in den Hintergrund treten, während sich der Künstler auf das friedliche Nebeneinander der verschiedenen Tierarten konzentriert. Einzig die beiden Hunde scheinen den Frieden zu stören, indem sie die Schwäne ankläffen.

JAN VAN KESSEL, 1626–1679

ANDREA DEL SARTO

DER ERZENGEL RAPHAEL MIT TOBIAS, DEM HL. LEONARD UND EINEM STIFTER

um 1511

Die Geschichte von Tobias und dem Engel findet sich in den Apokryphen. Tobias zieht mit seinem Hund durch die Wüste, als ein Fremder zu ihnen stößt und sich schließlich als Raphael zu erkennen gibt. Unterwegs werden sie von einem riesigen Fisch (in der ursprünglichen Fassung der Legende wahrscheinlich ein Krokodil) angegriffen. Die Geschichte von Tobias geht auf Legenden aus Assyrien und Persien zurück, wo Hunde geschätzt wurden, während ihnen im Alten Testament durchweg schlechte Eigenschaften zugeschrieben werden.

ANDREA DEL SARTO, 1486–1531

GIOTTO

DER TRAUM DES JOACHIM

um 1305

Dies ist eine weitere Episode aus der Legende des hl. Joachim (*vgl. S. 250*). Während seines Exils in der Wüste erscheint ihm im Traum der Erzengel Gabriel (zu erkennen an seinem liliengeschmückten Stab) und teilt ihm mit, er solle zu seiner Frau zurückkehren. Unterdessen gehen die Hirten, blind für dieses Wunder, unbeirrt ihrer Arbeit nach.

GIOTTO DI BONDONE, um 1267–1337

»Nicht ganz und gar vollkommen ist
Der tugendhafte Hund – er frißt!«

HEINRICH HEINE, 19. JAHRHUNDERT

GADDI

DIE GEBURT CHRISTI (AUSSCHNITT)
1392–1395

Szene aus *Die Jungfrau und der heilige Gürtel*. Das von Gaddi in der Kathedrale von Prato ausgeführte Fresko zeigt u. a. die Geburt Christi; die Anwesenheit des Hundes und der Schafe verweist auf die bevorstehende Ankunft der Hirten.

AGNOLO GADDI, um 1333–1396

ENGLAND

ADAM GIBT DEN TIEREN IHRE NAMEN
12. Jahrhundert

Bestiarien wie das *Aberdeen Bestiarium*, dem diese Illustration entstammt, sind typisch für mittelalterliche Handschriften. Mit den Tierdarstellungen gingen moralische Belehrungen einher. Die symbolische Bedeutung der jeweiligen Tiere variiert von Text zu Text. Der Hund galt als weise, weil er auf seinen Namen hört. Ebenso versinnbildlichte er die Treue.

HONDT

DAS SAMMELN DER TIERE

17. Jahrhundert

Während Noah und seine Söhne die letzten Arbeiten verrichten, versammeln sich die Tiere, um die Arche zu betreten. Ein sich kratzender Hund läßt vermuten, daß auch Flöhe mit an Bord gehen werden.

LAMBERT DE HONDT, gest. um 1665

DEUTSCHLAND

DIE ARCHE NOAH

1483

Der Holzschnitt stammt aus der Nürnberger Bibel, einem der ersten gedruckten und mit Abbildungen versehenen Bücher. Wie häufig auf zeitgenössischen Karten wird auch hier der Ozean als von Meerjungfrauen und anderen phantastischen Lebewesen bewohnt dargestellt. Vom Deck der Arche starrt ein Hund auf diese seltsamen Kreaturen hinab, während aus den Fluten die Türme versunkener Städte ragen.

ARCHA
NOE E

MEMLING

DIE ANBETUNG DER KÖNIGE (AUSSCHNITT)
1480

Ausschnitt aus dem Gemälde *Die sieben Freuden der Maria*, das verschiedene Episoden darstellt, die im Zusammenhang mit der Geburt Christi stehen. Wie auch andere niederländische Maler der Epoche gestaltete Memling die Könige nach dem Vorbild von Höflingen seiner Zeit. Der elegante Windhund im Bildvordergrund hätte jedem königlichen Hof zur Ehre gereicht.

HANS MEMLING, um 1433–1494

DAVID

DIE ANBETUNG DER KÖNIGE
15. Jahrhundert

Renaissancekünstler versetzten biblische Szenen häufig in ihre eigene Zeit. Die dargestellten Kostüme und Gebäude werden den Auftraggebern Davids recht geläufig gewesen sein. Auch die Hunde erscheinen in »modernen« Rollen. Im Vordergrund sieht man den Hund eines Höflings, während sich im Hintergrund Jäger mit ihren Hunden für die Jagd rüsten.

GERARD DAVID, um 1460–1523

HOGIN

DAPHNE

1994

In Hogins Werk finden sich häufig Verweise auf die griechische Mythologie. Daphne etwa war eine Nymphe, die in einen Lorbeerbaum verwandelt wurde. Mit dem wilden Wesen auf dem Bild scheint sie wenig gemein zu haben. Diese Daphne mit ihren Hörnern und Flügeln erinnert eher an die Ungeheuer der Hölle, die unglücklichen Sterblichen auflauern.

ROM

LUPA ROMANA

um 170

Im antiken Rom entstanden etliche Darstellungen jener Wölfin (lat. *lupa*), die in der Geschichte der Stadt eine entscheidende Rolle spielte. Der Legende zufolge wurden Romulus und Remus, die Zwillingssöhne einer Vestalin, kurz nach ihrer Geburt ausgesetzt und von einer Wölfin aufgezogen; Romulus gilt als der Gründer Roms.

»Ja, ja, in der allgemeinen Classification geht ihr unter diesem Namen, so wie Windhunde, Wachtelhunde, Pudel, Möpse, Bullen-Beisser, Schäferhunde, alle unter dem allgemeinen Namen Hund begriffen werden; die besondere Bestimmung unterscheidet den schnellen, den langsamen, den schlauen, den Haushüter, den Jäger, einen jeden durch eine gewisse Gabe der gütigen Natur, die seiner Art eigen ist, und ihn aus der allgemeinen Gattung auszeichnet.«

WILLIAM SHAKESPEARE, 1564–1616

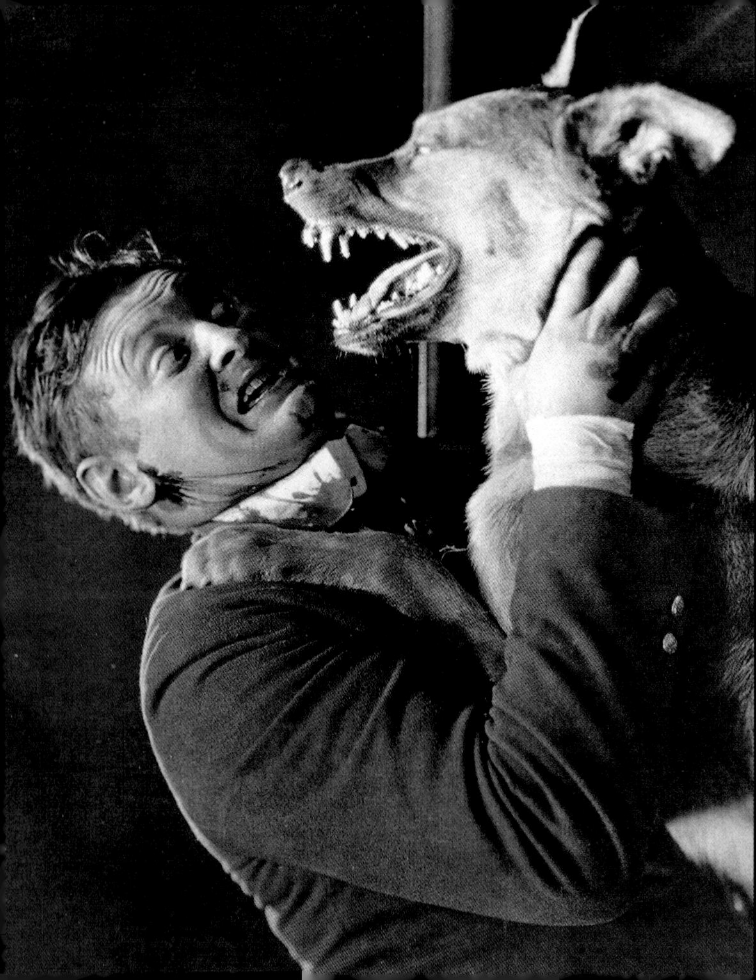

FRANKLIN

DER STUMME ANKLÄGER

1924

In vielen frühen Horrorfilmen hatten Killer-Hunde eine wesentliche Rolle inne. Mit ihnen spielte man zum einen auf die Angst vor der Tollwut an, zum anderen auf den alten Aberglauben um den sogenannten Schwarzen Hund, der jedem den Tod bringt, der seinen Weg kreuzt. Die Szene entstammt einem Stummfilm, bei dem Chester Franklin Regie führte.

CHESTER FRANKLIN, 1890–1949

AFRIKA

KOZO

19. Jahrhundert

Holzschnitzerei aus der Provinz Cabinda, einer angolanischen Enklave im Norden des Kongo. Die rituelle Figur stellt einen Kozo, einen zweiköpfigen Hund dar, der die Geister aus dem Totenreich beherbergt.

»Hunde, die bellen, beißen nicht.«

DEUTSCHES SPRICHWORT

HUANG

DAS UNERWARTETE (AUSSCHNITT)

1998

Schon im Mittelalter dienten Hunde als Blindenführer. Die ersten Versuche, sie systematisch für diese Aufgabe zu trainieren, unternahm man aber erst im 18. Jahrhundert in einem Pariser Hospital. Kurz nach dem Ersten Weltkrieg gründete dann die Amerikanerin Harrison Eustis in der Schweiz die Organisation *L'Œil qui voit* (»Das sehende Auge«). Sie legte den Grundstein für die heute international praktizierte Ausbildung von Blindenhunden. Wesentliches Element ist das starre Geschirr, denn es ermöglicht dem Blinden, die Bewegungen des Hundes zu deuten und zugleich Kommandos an ihn weiterzugeben.

CHUCK HUANG, geb. 1970

ENGLAND

DER GEHILFE DES WEIHNACHTSMANNS

20. Jahrhundert

Daß Hunde kleinere Gegenstände im Maul tragen können, hat sich für den Menschen als äußerst nützlich erwiesen. So mancher Jäger wäre ohne seinen Apportierhund, der das erlegte Wild aufspürt und zurückbringt, verloren. Dabei kommt es darauf an, daß der Hund lernt, das Wild mit »weichem Maul« zu apportieren, es also nicht zu zerbeißen oder zu zerdrücken. Einen Hund als Überbringer von Weihnachtsgeschenken einzusetzen, scheint zwar ein wenig riskant, aber durchaus reizvoll.

»Er raufte mit den Rüden und flirtete mit den Hündinnen,
etwas ›Unerhörtes‹ bis dahin.
›Ob man mich gefräßig nennt, stört mich nicht!‹
rief er und fraß alles, was ihm in den Weg kam – und noch mehr.

Aus den Schienbeinen alter Schachteln riß er sehnige Brocken,
und die Botenjungen zerstückelte er – wenn er sie bekam.
Er täuschte Tollwut vor und fiel kleine Kinder an,
und die Katzen, die fraß er direkt vom Baum!«

RUPERT BROOKE, 1887–1915

DIX

STREICHHOLZHÄNDLER I

1920

Dix thematisiert hier eindrucksvoll die Not eines verkrüppelten Kriegsveteranen, dem nichts anderes übrig bleibt, als auf der Straße Streichhölzer zu verkaufen. Die offensichtlich wohlgekleideten Menschen gehen ungerührt an ihm vorüber. Als weitere Erniedrigung hebt ein Dackel – dieser typisch deutsche Hund – das Bein und pinkelt ihn an.

OTTO DIX, 1891–1969

CALLIS

OHNE TITEL

1998

Callis arbeitet auch als Fotografin. Dies erklärt vielleicht die Deutlichkeit und Detailtreue ihrer sorgfältig gearbeiteten Hundebildnisse. Die Bulldogge ist Inbegriff von Hartnäckigkeit, Stärke und Mut – Eigenschaften, die dieses Gemälde nachhaltig zum Ausdruck bringt.

JO ANN CALLIS, geb. 1940

ENGLAND

ENGLISCHE BULLDOGGE

19. Jahrhundert

Niemand weiß genau, weshalb die Bulldogge zum Symbol des englischen Nationalbewußtseins wurde. Denkbar ist, daß sich die Verbindung über John Bull herleitet, seit dem frühen 18. Jahrhundert Spitzname für den typischen Engländer. In jedem Fall fand das Bild in der viktorianischen Zeit weite Verbreitung. Fördernd dürfte dabei der damals populäre patriotische Music-Hall-Song »Sons of the Sea, All British born« gewesen sein, in dem von den »boys of the bulldog breed« – »Jungs aus der Rasse der Bulldoggen« – die Rede war.

TORREZ

BULLDOGGE

20. Jahrhundert

Neben dem Mastiff zählt die Bulldogge zu den ältesten in Großbritannien bekannten Rassen. Sie läßt sich bis ins frühe 13. Jahrhundert zurückverfolgen, als sie bei der Stierhatz eingesetzt wurde. Schon im 18. Jahrhundert fanden sich Freunde dieser Rasse in Vereinen zusammen. Der bekannteste ist der 1894 gegründete Bulldog-Club (Inc.).

BOB TORREZ, 20. Jahrhundert

CHAPLIN

CHARLIE GEGEN ALLE

1915

Die Hunde in Chaplins Filmen untermalen die von ihm dargestellten Charaktere. In dem Boxfilm *The Champion* wird diese Rolle von einer Bulldogge übernommen. In anderen Filmen wiederum setzte Chaplin verflohte Streuner ein, um seinen Part als komischer Tramp zu unterstreichen.

CHARLIE CHAPLIN, 1889–1977

MILLER

DER TROJANISCHE HUND
1987

Millers düsteres Bild wirft ein neues Licht auf die berühmte Episode der Ilias. Anstelle des hölzernen Pferdes, das die Griechen der Stadt Troja schenkten, zeigt Miller hier einen riesigen Hund. Dessen massige Umrisse ragen bedrohlich vor dem Nachthimmel auf. Rechts im Bild sieht man die Leitern, über die die Soldaten aus dem Bauch des Tieres heruntersteigen werden, um die Trojaner niederzumetzeln.

PATON MILLER,
20. Jahrhundert

»Doch das Blatt wendete
sich für ihn … Der schwarze Hund
saß auf seinem Rücken,
wie die Leute so sagen,
eine furchterregende Metapher
aus Kindertagen.«

ROBERT LOUIS STEVENSON, 1850–1894

MUSANTE

BLACK DOG
1987

Schwarze Hunde gelten allgemein als böse Vorzeichen. In europäischen Volkssagen treiben diese geisterhaften, dämonischen Wesen ihr Spiel, indem sie ihren Opfern auf einsamen Wegen, Friedhöfen und in verlassenen Mooren auflauern. Das Heulen dieser Hunde kündet vom Tod. Musantes Bild beschwört eines dieser gespenstischen Phantome herauf, der Hinterleib verschwindet im undurchsichtigen Nebel.

ED MUSANTE, geb. 1942

KAPITEL 8

Der vermenschlichte Hund

GAYLEN HANSEN

HUNDEKOPF UND
MENSCHENKOPF

»Sie sind so menschlich, daß man glauben könnte, sie wollten mit einem sprechen.« Selbst von nüchternen Hundebesitzern hört man solche Äußerungen über die Verbindung zwischen Tier und Mensch. Hundehasser mögen sich darüber lustig machen, aber die Vermenschlichung des Hundes wurde in vielen Kulturen noch wesentlich weiter getrieben als heute.

SCHULE VON FONTAINEBLEAU
DIANA AUF DER JAGD

So stellte man sich auch die Gottheiten als Tiere vor. Ein Beispiel dafür ist der ägyptische Kult um den schakalköpfigen Totengott Anubis, der die Seelen der Verstorbenen in die Unterwelt führt. Nach der Eroberung Ägyptens durch die Griechen verschmolz Anubis mit der Figur des Hermes zu einer neuen Gottheit. Auch Hermanubis wachte über die Bestattungen und hielt Gericht über die Toten, ebenso wie Anubis in verwandelter Gestalt eines Menschen, allerdings mit dem Kopf eines Hundes.

DEUTSCHLAND
ZIRKUSHUND

ENGLAND
NASSER HUND

Doch nicht nur in den Religionen findet sich die Vorstellung vom Hundemenschen. Die Geographen der Antike berichteten von weit entlegenen Regionen, wo Menschen angeblich Hunden glichen. Dem griechischen Geographen Strabo (um 60 v. Chr.–21 n. Chr.) zufolge gab es einen äthiopischen Stamm, die Cynamolgi, die sich ihrer Hundeköpfe wegen nur durch Bellen miteinander verständigen konnten. Marco Polo (1254–1324) wiederum berichtete ähnliches von einem Stamm, der auf den Andamanen in der Bucht von Bengalen lebte. In estnischen Legenden ist die Rede von hundsköpfigen Kannibalen, die am Ende der Welt leben. Rein symbolische Darstellungen von Menschen mit Hundeköpfen finden sich auch in der christlichen Überlieferung. Heilige

FRANKREICH
HUNDEMENSCHEN
AUF DEN ANDAMANEN

wie Dominik (um 1170–1221), Bernard de Menthon (923–1008) oder Christophorus (3. Jahrhundert) setzte man häufig mit Hunden in Verbindung. Vor allem letzteren zeigten byzantinische Künstler immer wieder mit einem Hundekopf.

COTES
LADY STANHOPE UND DIE COUNTESS OF EFFINGHAM

Sowohl in der Literatur als auch in der bildenden Kunst versinnbildlichten Hunde immer wieder die Schwächen und Torheiten des Menschen. In den Fabeln des Äsop (6. Jahrhundert v. Chr.) standen ebenfalls Hunde, Wölfe und Füchse im Vordergrund, wie zum Beispiel im »Hund im Futtertrog« *(vgl. S. 59)*, wo ein Köter mit einem Ochsen in einem Stall gehalten wird. Eifersüchtig hindert er den Ochsen daran, Heu zu fressen, obwohl er selbst dieses Futter ganz und gar verschmäht.

WILCOX
HEIMWEH

Eine weitere Form der Vermenschlichung findet sich in jenen Bildern, auf denen Hunde menschliche

Verhaltensweisen zeigen. Während Maler der viktorianischen Epoche wie Menschen gekleidete Hunde ins Bild setzten, produzierten manche Porzellanmanufakturen Figuren, die musizierende Hunde darstellten. Die landläufige Meinung, wonach sich Herr und Hund mit der Zeit immer ähnlicher werden, griffen sowohl Maler als auch Schriftsteller auf, um ihre Arbeiten mit Komik zu würzen.

USA
GARY COOPER MIT HUND

PRICE
DIE ELEGANTE PARISERIN

Mit dem Aufkommen des Films zeugten dann auch die bewegten Bilder von der »Menschlichkeit des Hundes«. »Rin-Tin-Tin« und »Lassie« wurden – vor allem für jüngere Zuschauer – zu Helden der Kinoleinwand. Walt Disney schuf eine ganze Reihe liebenswerter Gestalten, wie »Pluto«, »Goofy« oder die »101 Dalmatiner«. Nicht weniger berühmt sind »Snoopy«, Tims treuer Gefährte »Struppi« und »Gromit«, dessen Schöpfer Nick Park einen Oscar erhielt.

CONDÉ

OHNE TITEL

1978

Auf den ersten Blick erscheint Condés surreale Skizze als Parodie der Zeichnung eines alten Meisters. Das Motiv miteinander disputierender Philosophen findet sich häufig in der Renaissancekunst und wird hier von Condé überspitzt. Während einer der Gelehrten ein Kleid trägt, ist der andere halb Hund, halb Mensch und hält zudem einen Fächer in seiner Pfote.

MIGUEL CONDÉ, geb. 1939

ENGLAND

HUNDEBANKETT

um 1975

Die Hersteller von Hundefutter, selbstverständlich darauf bedacht, die hohe Qualität ihrer Produkte herauszustellen, staffierten für dieses Foto die Hunde mit Lätzchen und Servietten aus und setzten sie an eine festlich gedeckte Tafel. Von ein paar Ausnahmen abgesehen, stellen sie recht ordentliche Tischmanieren unter Beweis.

DEUTSCHLAND

ZIRKUSHUND

um 1925

Tom Belling zeigte in den 20er Jahren im Berliner Zirkus Busch eine Dressurnummer mit verkleideten Hunden. Der Hund auf diesem Foto stellt einen exzentrischen Dirigenten mit einem überdimensionierten Taktstock dar.

»Mein Herr wird stolz wie ein Hund im Wams sein.«

THOMAS DEKKER, UM 1570–1632

DEUTSCHLAND

ZIRKUSHUND

um 1925

Ein weiterer Hund aus Tom Bellings Dressurnummer im Zirkus Busch. Dieser Mops namens »Bully« trägt die Uniform und das Signalhorn eines Feuerwehrmanns. Solche Bilder inspirierten möglicherweise die fotografische Arbeit von William Wegman (geb. 1942), der seinen Hund »Man Ray« in den verschiedensten Kostümen ablichtete.

ENGLAND

NASSER HUND

1955

Früher begnügte man sich damit, seinen Hund draußen mit einem Gartenschlauch abzuspritzen, heute gönnt man seinem Liebling schon mal eine umfassende Schönheitsbehandlung. Das luxuriöse Badetuch soll den Hund davon abhalten, sein nasses Fell zu schüteln und so Wasser auf Möbel und Teppiche zu spritzen.

STOBBAERTS

DER NEUANKÖMMLING

19. Jahrhundert

Im 19. Jahrhundert kam es in Mode, Hunde in für den menschlichen Alltag typischen Situationen darzustellen. Häufig hatten die Gemälde einen satirischen Unterton, da die Künstler den Rollentausch nutzten, um Sozialkritik zu üben. Dieses Bild allerdings ist einfach nur ein Pastiche geläufiger Genreszenen.

JAN STOBBAERTS, 1838–1914

»Dem Hunde, wenn er gut erzogen,
Wird selbst ein weiser Mann gewogen.«

JOHANN WOLFGANG VON GOETHE (FAUST), 1749–1832

FRANKREICH

HUNDEMENSCHEN AUF DEN ANDAMANEN

1413

Im Zeitalter der Entdeckungen spekulierte man immer wieder über ein angeblich existierendes, in weit entfernten Regionen lebendes Volk von Hundemenschen. Den meisten abendländischen Quellen zufolge lebten sie auf den Andamanen im Golf von Bengalen. Diese Darstellung ihrer Sitten und Gewohnheiten findet sich im *Livre des Merveilles* (Buch der Wunder), das 1413 für den Duc de Berry angefertigt wurde. Während die Hundemenschen im allgemeinen als wilde Kannibalen galten, erscheinen diese »Kaufleute« recht friedlich.

WALKER UND LANDERS

RIN-TIN-TIN GREIFT EIN

1957

Kaum ein anderer Hund hat derart lange als Filmstar sein Publikum begeistern können wie dieser intelligente Schäferhund. Der erste »Rin-Tin-Tin« (1916–1932), ein deutscher Armeehund, sorgte in den 20er Jahren in einer Reihe von in den USA produzierten Stummfilmen für volle Kinokassen. Mitte der 50er Jahre wurde der Stoff in einer amerikanischen Fernsehserie erneut aufgegriffen. Das Szenenfoto zeigt den neuen Rin-Tin-Tin mit James Brown, einem seiner menschlichen Freunde.

ROBERT WALKER, 20. Jahrhundert, und LEW LANDERS, 1901–1962

WILCOX

HEIMWEH

1943

Das Szenenfoto stammt aus dem ersten – und unbestritten besten – der *Lassie*-Filme von Roddy McDowall, die sich in den 40er und 50er Jahren als wahre Publikumsmagneten erwiesen. Der Film erzählt die Geschichte einer erstaunlich klugen Hündin, der es nach vielen Abenteuern endlich gelingt, zu ihrer »Familie« zurückzukehren. Die erste Lassie war ein Collie namens Pat – und ein Rüde.

FRED WILCOX, 1905–1964

SMIRKE

RIVALINNEN

um 1827

Mit Tieren, die Aussehen und Verhalten ihres Herrn (oder – wie in diesem Fall – ihrer Herrin) widerspiegeln, lassen sich komische Effekte erzielen, was sich viele Künstler zunutze machen. Diese Illustration zu Henry Fieldings Roman *Tom Jones* (1749) zeigt den Streit zweier hochnäsiger Damen, deren Attitüde von ihren Hunden wiederholt wird.

ROBERT SMIRKE, 1752–1845

DEUTSCHLAND

MANNEQUINS MIT PUDEL

1960

Daß man den Pudel schon seit vielen Jahren mit der Welt der *Haute Couture* in Verbindung bringt, ist gewiß nicht seine Schuld. Ursprünglich ein Jagdhund, avancierte er aufgrund der raffinierten Schur seines Fells zum Modeaccessoire der eleganten Dame. Die klassische Schur, der sogenannte »Löwenschnitt«, kam bereits in den 90er Jahren des letzten Jahrhunderts auf.

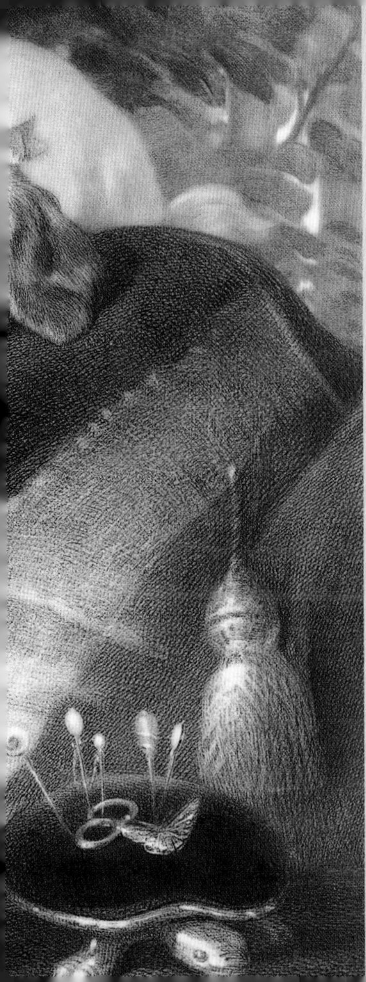

LANDSEER
DAME MIT SPANIELS
um 1830

Mit seinen Drucken und Zeichnungen nach Motiven von Edwin Landseer machte Thomas Landseer die Arbeiten seines jüngeren Bruders einem breiteren Publikum bekannt. Edwin Landseer zeigte eigentlich kein großes Interesse an der Porträtmalerei, machte aber eine Ausnahme, wenn sich seine Auftraggeber mit Hunden umgaben. Diese Zeichnung basiert wahrscheinlich auf einem der Bilder, die Edwin von Lady FitzHarris anfertigte.

THOMAS LANDSEER, 1795–1880
(nach EDWIN LANDSEER)

»Woran sollte man sich von der endlosen Verstellung, Falschheit und Heimtücke der Menschen erholen, wenn die Hunde nicht wären, in denen ehrliches Gesicht man ohne Mißtrauen schauen kann?«

ARTHUR SCHOPENHAUER, 1788–1860

HANSEN

MENSCH / HUND STARREN SICH AN
1993

Hansens gleichermaßen witzige wie hintergründige Bilder zeigen Hund und Mensch im Spannungsverhältnis – das üblicherweise vorherrschende Gefühl menschlicher Überlegenheit gegenüber der Kreatur wir auf diese Weise auf den Kopf gestellt. Hunde mögen zwar manchmal nahezu menschlich wirken, weitaus häufiger aber trifft man auf Menschen, die sich wie Tiere benehmen.

GAYLEN HANSEN, geb. 1921

»Pomero hat eine nachdenkliche Haltung eingenommen, die Schnauze dem Kamin zugewandt. Er zuckt mit den Ohren und dem fedrigen Schwanz, um dich zu grüßen ... Gestern abend habe ich ihn mitgenommen, um Luisina de Sodre singen und spielen zu hören. Pomero zeigte sich tief bewegt und lag ganz nah am Pedal auf ihrem Rocksaum, dabei sang er – nicht immer den Takt haltend – in den verschiedensten Tonlagen mit. Es ist bedauerlich, daß er immer, wenn er Musik hört, mithalten will, denn er singt noch schlechter als ich.«

WALTER SAVAGE LANDOR, 1775–1864

ENGLAND
BENJAMIN BRITTEN
20. Jahrhundert

Der Komponist Benjamin Britten (1913–1976) behauptete, einige seiner besten musikalischen Einfälle verdanke er den langen »Denkspaziergängen« mit seinen Hunden. Der Hund auf diesem Foto hieß »Clytie« – benannt nach der Musiklehrerin Clytie Mundy – und war Britten zufolge der »kleinste Dackel der Welt«.

SCHULE VON FONTAINEBLEAU

DIANA AUF DER JAGD

um 1550

Das einer klassischen Statue nachempfundene Gemälde ist eine der bekanntesten Darstellungen der Göttin der Jagd in der abendländischen Kunst. Der athletische, androgyn wirkende Körper harmoniert mit der Vitalität des Jagdhundes. Möglicherweise stand Diane de Poitiers (1499–1566), eine bekannte Kurtisane der Zeit, für diese Arbeit Modell.

COURBET

COURBET MIT EINEM SCHWARZEN HUND

um 1842–1844

Dieses Selbstporträt stammt aus einer frühen Schaffensphase des Malers und zeigt ihn mit seinem Hund. In einem Brief an seine Eltern schrieb Courbet: »Ich besitze jetzt einen großartigen kleinen englischen Hund, einen reinrassigen Spaniel. Er ist das Geschenk eines Freundes und wird von jedermann bewundert.« Mit ihren langen, wallenden Haaren paßten Herr und Hund ganz vortrefflich zusammen, wie das während eines Studienaufenthaltes in freier Natur entstandene Gemälde zeigt.

GUSTAVE COURBET, 1819–1877

NASMYTH

BILDNIS DES JOHN COCKBURN ROSS
18. Jahrhundert

Ein eleganter Adeliger posiert neben einem Baum, das Gewehr gegen sein Bein gelehnt. Erwartungsvoll schaut der zu seinen Füßen sitzende Pointer zu ihm auf. Wie häufig auf derartigen Gemälden, dienten Jagdutensilien nicht dazu, den Porträtierten als leidenschaftlichen Jäger zu kennzeichnen, sondern sind Indizien für seinen Reichtum und Status.

ALEXANDER NASMYTH, 1758–1840

USA

GARY COOPER MIT HUND
um 1930

Werbefoto des durch frühe Hollywood-Western berühmt gewordenen Schauspielers. Cooper (1901–1961) hatte als Cowboy und Karikaturist gearbeitet, ehe er Mitte der 20er Jahre den Durchbruch beim Film schaffte. Die Zuschauer verbanden mit ihm den rauhen Naturburschen. Das mag den Fotografen dazu veranlaßt haben, ihn mit einem Jagdhund vor der Kamera posieren zu lassen.

COTES

LADY STANHOPE UND
DIE COUNTESS OF EFFINGHAM
um 1768

Porträts aus dem 18. Jahrhundert haben nicht selten ein theatralisches Element. Hier posieren die porträtierten Damen in den Rollen von Diana und einer ihrer Jagdgefährtinnen. Während die diademgeschmückte Göttin einen Speer in der Hand hält, steht ihre Begleiterin im Begriff, den Hund von der Leine zu lassen, um ihn auf den im Bildhintergrund sichtbaren Hirsch zu hetzen. Es ist nicht unwahrscheinlich, daß die Inszenierung des Motivs durch Francis Delaval, Lady Stanhopes Bruder, angeregt wurde, der ein großer Liebhaber des Amateurtheaters war.

FRANCIS COTES, 1726–1770

»Wenn mein Hund aufwacht,
kann ich an seinem Blick erkennen,
ob er von mir geträumt hat.«

JAMES GARDNER, 1840–1900

FRANKREICH

SPAZIERGANG MIT HUND

1921

In den 20er Jahren galten Windhunde als besonders schick. Auf den Fotos der Modezeitschriften dienten sie zur Akzentuierung der schmalen Silhouette der Schnitte, Hollywood-Schauspielerinnen zeigten sich mit ihnen bei Filmpremieren. Auch im Art Deco griff man auf das Motiv der Dame mit Windhund zurück.

GAINSBOROUGH

LADY JANE WHICHCOTE
18. Jahrhundert

Gainsborough machte sich vor allem mit Porträts einen Namen, war aber auch ein versierter Tiermaler. Auf dieser ansprechenden Komposition gibt ein Spitz seiner Herrin auf höchst charmante Weise »Pfötchen«.

THOMAS GAINSBOROUGH,
1727–1788

»Wundern kann es mich nicht,
daß Menschen die Hunde so lieben;
Denn ein erbärmlicher Schuft ist,
wie der Mensch, so der Hund.«

JOHANN WOLFGANG VON GOETHE, 1749–1832

DEVIS

MISS ANDERSON MIT IHREM HUND
um 1780

Devis' Arbeiten sind vor allem unter sozialhistorischen Gesichtspunkten interessant, da seine Modelle häufig der Mittelschicht und nicht, wie sonst üblich, dem Adel entstammten. Dieses Bild zeigt ein kleines Mädchen, das die Haarschleife seines Terriers gelöst hat, um sie als Leine zu verwenden.

ARTHUR DEVIS, 1708–1787

USA

MANN UND MÄDCHEN

1925

Auch der Stummfilm widmete sich dem oft sehr komischen Vergleich von Hund und Besitzer. Hier gleichen die Pelzstreifen am Kleid der jungen Frau der Schur ihres Pudels. Der Schauspielerin Renée Adorée (Jeanne de la Fonté, 1898–1933) war es nicht neu, mit Tieren zu arbeiten, denn sie hatte zuvor in einem Zirkus akrobatische Nummern mit Pferden vorgeführt.

PRICE

DIE ELEGANTE PARISERIN

20. Jahrhundert

Der Hund auf diesem Bild ist kaum mehr als ein modisches Accessoire. Die Schleife in seinem Haar paßt farblich zu Kleid und Sonnenschirm der jungen Frau, sein dichtes schwarzes Fell harmoniert mit ihrem Hut und den Schuhen. Geduldig trägt das Tier sogar ein elegantes, mit Edelsteinen besetztes Halsband.

JULIUS PRICE, 1857–1924

ENGLAND
DER HERZOG UND
DIE HERZOGIN VON WINDSOR
um 1960

Zum Zeitpunkt seiner Abdankung im Jahr 1936 hielten sich Edward VIII. und Mrs. Simpson mehrere Cairnterrier. Später sah man sie oft mit Möpsen, denen sie Namen wie Disraeli, Imp, Trooper oder Davy Crockett gaben.

BOMBOIS
PORTRÄT EINER BULLDOGGE
20. Jahrhundert

Da der Künstler der Ansicht war, die dargestellte Bulldogge weise eine verblüffende Ähnlichkeit mit Winston Churchill auf, schenkte er dieses Bild dessen Familie, und Churchill hängte es in seinem Arbeitszimmer in Chartwell auf. Während des Krieges verglich man Churchill immer wieder mit einer Bulldogge, die den englischen Durchhaltewillen symbolisierte, doch sein Lieblingshund war der Pudel.

CAMILLE BOMBOIS, 1883–1970

Bombois. C.lle

Künstlerverzeichnis

Aldin, Cecil
1870–1935
Auf humoristische Themen spezialisierter britischer Künstler. Aldin, an der von Frank Calderon (1865–1943) geleiteten School of Animal Painting in Kensington, London, ausgebildet, war ein passionierter Jäger, der seine Skizzen zuweilen »im Sattel« anfertigte. Bekanntheit erlangte er jedoch durch seine Hundeporträts. 1905 wurde er Vorsitzender des Londoner Sketch Club.
SEITE 63, 68, 163, 175

Alken, Henry
1785–1851
Das namhafteste Mitglied einer britischen Künstlerfamilie, die sich vornehmlich mit Jagdmotiven auseinandersetzte. Nachdem er das künstlerische Handwerk vom Vater, Samuel Alken (1750–1815), erlernt hatte, schuf er sowohl Gemälde wie auch Kupferstiche. Insbesondere die Aquatinta-Versionen seiner Gemälde, die unter dem Pseudonym »Ben TallyHo« erschienen, erfreuten sich großer Beliebtheit.
SEITE 15, 58/59

Almaraz, Carlos
1941–1989
Amerikanischer Künstler und Gründungsmitglied von »Los Four«, einer einflußreichen Künstlergruppe, die die Hispanic Art in den ganzen USA bekannt machte. Seine Öl- und Pastellarbeiten wurden auf Wanderausstellungen gezeigt, die das Smithsonian Institute organisiert hatte.
SEITE 122

Almasy, Paul
geb. 1906
SEITE 168, 259

Anguissola, Sofonisba
1527–1625
Italienische, aus Cremona stammende Porträtmalerin, die als erste weibliche Künstlerin über die Grenzen ihres Landes hinaus Bekanntheit erlangte. Sie arbeitete für den spanischen König Philipp II. (1527–1598). Der junge van Dyck (1599–1641) suchte sie auf, als sie bereits in den Neunzigern war.
SEITE 74

Ansdell, Richard
1815–1885
Auf Tiere spezialisierter Künstler, in Liverpool geboren und ausgebildet. Als eifriger Jäger verbrachte er viel Zeit in seinem Jagdhaus am schottischen Loch Laggan. Ansdell war von 1837–1852 Präsident der Liverpool Academy und stellte seine Arbeiten regelmäßig in der Royal Academy aus.
SEITE 253

Archer, A.
tätig 1860–1896
SEITE 9, 64, 72/73

Armfield, George
um 1820–1893
Britischer, auf Jagdmotive spezialisierter Maler, der vorwiegend in London lebte. Ein überaus fruchtbarer, zuweilen auch stereotyp arbeitender Künstler, der seine Werke regelmäßig sowohl in der Royal Academy wie auch im British Institute ausstellte.
SEITE 14, 42–45, 174/175

Bailey, Brian
20. Jahrhundert
SEITE 18/19

Balfour, Daryl
20. Jahrhundert
SEITE 140/141

Balog, James
20. Jahrhundert
SEITE 116, 155–157

Barker, Wright
1864–1941
Britischer Künstler, auf Tierporträts spezialisiert. Er ist bekannt für seine Hundedarstellungen, malte aber auch Pferde und Hochlandrinder und stellte seine Arbeiten in der Royal Academy aus.
SEITE 13, 56

Beard, James Henry
1814–1893
Auf Jagdmotive spezialisierter Maler aus den USA. Beard, vor seinem Umzug nach New York im Jahre 1846 anfänglich als Porträtmaler tätig, widmete seine Aufmerksamkeit schließlich ganz der Darstellung von Tieren, weshalb man ihn auch als »Landseer von Amerika« bezeichnete.
SEITE 12, 24/25

Bilibin, Ivan Jakowlewitsch
1876–1942
Russischer Zeichner und Bühnenbildner, der seine Ausbildung durch Ilya Repin (1844–1930) erhielt und seine Arbeiten zusammen mit der World of Art-Gruppe ausstellte. Äußerst interessiert an folkloristischen Motiven, erlangte er durch seine Illustrationen zu russischen Märchen Bekanntheit.
SEITE 154/155

Bissell, Robert
geb. 1952
In England geborener Maler und Fotograf, der heute in Oregon lebt. In seinen eigenwilligen Arbeiten treten Tiere als Erzähler auf und deuten die Welt der Menschen.
SEITE 288/289

Bogdani, Jacob
1660–1724
Ungarischer Maler, der vorwiegend in England und den Niederlanden tätig war. Anfänglich ein Spezialist für Blumenstücke, entwickelte er später eine Vorliebe für Vögel, nachdem er Zutritt zu den Volieren von Admiral George Churchill erhalten hatte. Viele seiner Bilder zeigen exotische Vögel vor lieblichen Landschaften und antiken Bauwerken.
SEITE 179

Bombois, Camille
1883–1970
Naiver Maler aus Frankreich, der in seiner Jugend diverse Tätigkeiten ausübte. Unter anderem arbeitete er als Flußschiffer, Hafenarbeiter und Zirkusringer. Für seine herausragenden Verdienste im Ersten Weltkrieg erhielt er eine hohe militärische Auszeichnung. Bombois malte Landschaften, Akte und Porträts, bekannt wurde er jedoch vor allem für seine Darstellungen aus dem Zirkusmilieu.
Seite 382/383

Boner, Ulrich
1300–1349
Ein Dominikanerpriester, dessen Name latinisiert Bonerius lautete. Belegt ist sein Aufenthalt in Bern von 1324–1349, wo er die Fabelsammlung *Der Edelstein* für Johann von Ringgenberg übersetzte. Diese Fabeln, in etlichen Handschriften verzeichnet, waren weithin bekannt und wurden bereits 1461 gedruckt.
SEITE 161, 176/177

Bonfigli, Benedetto
1420–1496
Italienischer Maler aus Perugia, einer der ersten Renaissancekünstler. Sein Stil zeigt deutlich den Einfluß des Domenico Veneziano (gest. 1461).
SEITE 195

Bonifazio Veronese (Bonifazio de' Pitati)
1487–1553
Der Sohn eines Waffenschmiedes wurde in Verona, Italien, geboren (daher der Beiname »Veronese«), doch alle ihm zugeschriebenen Arbeiten entstanden in Venedig und zeigen deutlich die Einflüsse der Schule des Palma il Vecchio (um 1480–1528).
SEITE 294/295

Bosch, Hieronymus
um 1450–1516
Einer der herausragenden Vertreter der frühen niederländischen Malerei, dessen Künstlername sich von seiner Geburtsstadt ('s-Hertogenbosch) herleitet. Als zutiefst religiöser Mensch gehörte er einer katholischen Bruderschaft an. Dies verdeutlichen einige außergewöhnliche Gemälde, in denen Heilige von bizarren Kreaturen und Dämonen verfolgt werden. Das berühmeste dieser Bilder ist *Der Garten der Lüste* (um 1505–1510). Bosch hatte entscheidenden Einfluß auf Pieter Breughel (um 1520–1569) und gilt als Vorläufer des Surrealismus.
SEITE 218

Boucher, François
1703–1770
Französischer Maler, bedeutendster Vertreter des Rokoko. Der Schüler von François Lemoyne (1688–1737), wesentlich beeinflußt von Antoine Watteau (1684–1721), war der Lieblingsmaler von Madame de Pompadour (1721–1764), der Mätresse Ludwigs XV. Er entwarf außerdem Muster für Tapisserien und Porzellan und wurde 1755 Direktor der Gobelinmanufaktur. Bouchers Gemälde weisen, etwa mit den weiblichen Akten in Gestalt von antiken Nymphen und Göttinnen, häufig deutlich erotische Züge auf.
SEITE 22/23, 48/49

Bourhill, James
19. Jahrhundert
SEITE 306

Brown, Theophilus
geb. 1919
Der Absolvent der Yale University und der University of California, Berkeley, lebt in San Francisco. Seine Gemälde spiegeln die ganz eigene Qualität des kalifornischen Lichts wider. Brown stellt regelmäßig in Großbritannien und den USA aus, und seine Arbeiten gehören zum Ausstellungsbestand verschiedener amerikanischer Museen.
SEITE 86/87

Breughel, Pieter
um 1520–1569
Der niederländische Künstler gilt als führender Vertreter einer Genremalerei, die sich mit bäuerlichen Motiven und der figurativen bzw. szenischen Veranschaulichung allgemeiner Redensarten *(Die Sprichwörter)* auseinandersetzte. Er war beeinflußt von Hieronymus Bosch (um 1450–1516) und den Malern Italiens, das er bereist hatte. Seine Arbeiten, hochgeschätzt u.a. von Peter Paul Rubens (1577–1640), wurden von verschiedenen königlichen Kunstsammlungen angekauft.
SEITE 10

Brunais, Agostino
tätig 1763–1780
Landschafts- und Porträtmaler sowie Kupferstecher. Er stellte seine Arbeiten zwischen 1763 und 1779 in London in der Free Society, der

Society of Artists und der Royal Academy aus.
SEITE 223

Burne-Jones, Edward
1833–1898
Britischer Maler, Zeichner und Illustrator, einer der führenden Vertreter der Präraffaeliten. Als Student lernte er in Oxford William Morris (1834–1896) kennen, mit dem er in dem Unternehmen Morris & Co. zusammenarbeitete, beide wurden zu Pionieren der Arts-and-Crafts-Bewegung. Burne-Jones erlangte Bekanntheit durch seine italienisierten Figuren, die ihrerseits die Eleganz des Ästhetischen Stils verkörperten. Auf die französischen Symbolisten hatte Burne-Jones wesentlichen Einfluß.
SEITE 93, 262/263, 315

Busby, Thomas
tätig 1804–1837
Englischer Kupferstecher und Miniaturenmaler; stellte von 1804 bis 1837 in der Royal Academy aus.
SEITE 119, 152/153

Callis, Jo Ann
geb. 1940
US-amerikanische, vorwiegend als Fotografin tätige Künstlerin. Ihre Arbeiten werden in Museen in den USA, Japan, Australien, der Schweiz und Frankreich gezeigt.
SEITE 68/69, 345

Candid, Peter
um 1548–1628
Der niederländische Maler und Musterzeichner für Tapisserien arbeitete im Stil des Manierismus. Candid verbrachte die überwiegende Zeit seines Lebens in Italien und Deutschland. 1586 von Herzog Wilhelm V. von Bayern nach München gerufen, blieb er dort über vierzig Jahre als Hofmaler.
SEITE 269–271

Cardon, Claude
tätig 1892–1915
Landschafts- und Genremaler, der 1892/93 in der Royal Academy ausstellte.
SEITE 59

Carpaccio, Vittore
um 1450/60–1525/26
Aus Venedig stammender Maler der Renaissance. Seine Arbeiten zeichnen sich durch eine klare, harmonische Farbgebung und reiche Details aus.
SEITE 322/323

Carrion, Maravillas
geb. 1968
Spanische Künstlerin, die nach anfänglichen Studien in ihrer Heimatstadt Valencia ihre Ausbildung am Art Center College of Designs in den USA vervollständigte. Sie lebt in Spanien und Kalifornien.
SEITE 60, 86, 285

Chadwick, Gregg
geb. 1959
US-amerikanischer Künstler, lebt vorwiegend in San Francisco. In seinen Gemälden verarbeitet er Eindrücke, die er auf Reisen in alle Winkel der Erde gewinnt. Ausgestellt hat er in Italien, Japan und den USA.
SEITE 81

Chaplin, Charlie
1889–1977
In Großbritannien geborener Schauspieler, Komiker und Regisseur. Chaplin trat in jungen Jahren der Slapsticktruppe von Fred Karno (1866–1941) bei, 1913 begann er für Mack Sennett (1880–1960) in den Keystone Studios zu arbeiten. Ab 1914 drehte er eigene Filme und erlangte weltweiten Ruhm mit der Figur des komischen Tramp. Zu seinen berühmtesten Werken zählen *The Kid* (1920), *The Gold Rush* (1924, *Goldrausch*) und *City Lights* (1931, *Lichter der Großstadt*). 1952 aufgrund seiner politischen Überzeugungen aus den USA ausgewiesen, ließ er sich in der Schweiz nieder. Im Jahre 1971 wurde er für sein Lebenswerk mit dem Oscar ausgezeichnet.
SEITE 227, 346

Chapman, John Watkins
tätig 1853–1903
Zwischen 1853 und 1890 stellte der britische Genremaler eine große Zahl seiner Werke in der Royal Academy, im British Institute und in der New Water-Colour Society aus.
SEITE 201

Chapman, Michael
geb. 1957
US-amerikanischer Künstler, lebt in Kalifornien. Chapmans Gemälde sind von reizvoller nostalgischer Qualität und in den eher ruhigen Wohnvierteln seiner Geburtsregion an der Pazifikküste situiert.
SEITE 108/109

Charlton, John
1849–1917
Britischer Maler aus Northumberland, der ab 1870 seine Gemälde von Schlachtenszenen und Tieren regelmäßig in der Royal Academy ausstellte.
SEITE 292/293

Christensen, Wes
geb. 1949
Der amerikanische Maler ist ein Meister der figurativen Kunst. Seine kleinformatigen Arbeiten stecken voller Anspielungen auf Kunstgeschichte und Mythologie.
SEITE 256, 265

Clairin, Georges
1843–1919
Der an der Pariser École des Beaux-Arts ausgebildete französische Maler Clairin war einer der letzten Orientali-

sten und stellte seine Arbeiten im Salon von 1866 aus. In den 70er Jahren des 19. Jahrhunderts führte er in der Pariser Oper Ornamentmalereien aus.
SEITE 272

Condé, Miguel
geb. 1939
Das Werk des in Spanien lebenden amerikanischen Künstlers enthält surreale Elemente, obgleich es ansonsten stark in der Tradition verwurzelt ist.
SEITE 131, 357

Cooper, Abraham
1787–1868
Cooper, auf Jagdszenen spezialisierter Künstler englischer Herkunft, arbeitete als Reiter in Astley's Circus, bevor er sich der Kunst zuwandte. Als Schüler von Ben Marshall (1768–1835) schuf er Werke in dessen Stil. Er stellte regelmäßig in der Royal Academy aus, deren Mitglied er 1820 wurde. Er nutzte diese Position, um für seinen Freund, den Dichter und Künstler William Blake (1757–1827), finanzielle Unterstützung zu erreichen.
SEITE 128

Correggio (Antonio Allegri)
um 1489–1534
Italienischer, nach seiner Geburtsstadt benannter Maler. Über sein Leben ist wenig bekannt, erste Einflüsse hat aber wohl Andrea Mantegna (1431–1506) auf ihn ausgeübt. Die besten Arbeiten entstanden in Parma, wo er sich einen Namen mit einfühlsamen mythologischen Darstellungen machte.
SEITE 313

Coster, Jan
17. Jahrhundert
Niederländischer Maler, lebte in Arnheim.
SEITE 30/31

Cotes, Francis
1726–1770
Der englische Künstler, Mitbegründer der Royal Academy, fertigte bis 1763 vorwiegend Pastellzeichnungen, ehe er sich der Ölmalerei zuwandte und damit auf das künstlerische Leben Englands zwischen 1760 und 1770 deutlichen Einfluß ausübte.
SEITE 354, 376

Courbet, Gustave
1819–1877
Als bedeutender französischer Maler und Wegbereiter des Realismus erregte Courbet Aufmerksamkeit durch seine monumentalen, das bäuerliche Leben spiegelnden Gemälde, die der Stimmung der Revolution von 1848 Ausdruck verliehen. Der radikale Sozialist wurde 1871 als Beauftragter für Kunst und Museen in den Organen der Pariser Commune tätig. Wegen seiner Beteiligung an der in dieser Zeit betriebenen Zerstörung der Vendôme-Säule wurde er später inhaftiert, ein Großteil seiner Gemälde konfisziert. Er starb im schweizerischen Exil. Hunde spielten in den Jagddarstellungen des passionierten Jägers eine nicht unerhebliche Rolle.
SEITE 186/187, 372/373

Crane, Walter
1845–1915
Englischer Maler und Illustrator, bekannt für seine Kinderbuchillustrationen. Das Mitglied der Arts-and-Craft-Bewegung beeinflußte die Entstehung der Art Nouveau. Für William Morris' Kelmscott Press war Crane als Buchillustrator tätig, er entwarf aber auch Tapeten, Textilien und Bleiglas. Überdies wirkte er als Hochschullehrer, 1898 wurde er Rektor des Royal College of Art.
SEITE 117, 144

David, Gerard
um 1460–1523
Nach seiner Ausbildung ließ sich der niederländische Maler 1484 in Brügge nieder und folgte Hans Memling im Amt des Stadtmalers. Sein Werk umfaßt vorwiegend stilisierte Altar- und Tafelbilder religiösen Inhalts. Seine bekannteste Arbeit ist das Tafelbild *Kambyses überführt den bestechlichen Richter Sisames* (1498).
SEITE 334–335

Davis, Arthur Alfred
tätig 1877–1891
Der für seine Genreszenen bekannte britische Maler stellte seine Arbeiten zwischen 1877 und 1884 in der Suffolk Street Gallery und im Rahmen verschiedener Ausstellungen aus.
SEITE 27

Desportes, Alexandre-François
1661–1743
Französischer Maler und Musterzeichner von Tapisserien, der auf Porträts, Jagdszenen und Hundebilder spezialisiert war. Jan Sobieski berief ihn 1695/96 als Porträtmaler an den polnischen Hof, nach seiner Rückkehr nach Frankreich konzentrierte er sich auf Jagdgemälde und arbeitete für höfische Auftraggeber. Seine Arbeiten stehen in der Tradition der flämischen Malerei, vor allem in der von Frans Snyders (1579–1657).
SEITE 47

Devis, Arthur
1708–1787
Die Gemälde des auf Konversationsstücke (Gruppenporträts in sorgfältig arrangierter Umgebung) spezialisierten englischen Porträtmalers verfügen durchaus über einen gewissen Charme. Die größte Sammlung seiner Werke befindet sich in seinem Geburtsort Preston.
SEITE 379

Dix, Otto
1891–1969
Der deutsche Maler und Graphiker schuf ein zwischen Realismus und Neuer Sachlichkeit angesiedeltes, sozialkritisches Werk. Nachdem er die Schützengräben des Ersten Weltkriegs erlebt hatte, richtete er sich in seinen Werken entschieden gegen den Krieg. Bekannte Beispiele dieser Phase sind *Der Streichholzhändler I* (1920) sowie die Radierfolge *Der Krieg* (1924). Seit 1927 war er Professor an der Dresdener Kunstakademie, nach der Machtergreifung Hitlers verlor Dix diese Stellung jedoch, 1939 wurde er kurzzeitig inhaftiert.
SEITE 305, 342/343

Domenichino (Domenico Zampieri)
1581–1641
Nach seiner Ausbildung bei Lodovico Carracci (1555–1619) arbeitete der gebürtige Bologneser seit 1602 mit dessen Vetter Annibale Carraci an den Fresken des Pallazo Farnese in Rom. Ab 1615 war er vorwiegend in Rom (später auch in Neapel) tätig und führte dort monumentale Fresken und Tafelgemälde für Kirchen und Paläste aus. Daneben entstanden klassizistische Ideallandschaften. Domenichino gilt als Vertreter der klassischen Bologneser Schule.
SEITE 26/27

Doré, Gustave
1832–1883
Französischer Graphiker, Maler und Bildhauer, der u.a. mit seinen Illustrationen zu Dantes *Inferno* (1861) und *Don Quixote* (1862) bekannt wurde. Doré beeindruckte mit seinen grotesken, romantischen Sujets ein breites Publikum, aber auch die realistischen Arbeiten fanden große Anerkennung. Vincent van Gogh (1853–1890) war ein Bewunderer von Dorés Zeichnungen der Londoner Slums. Später wandte sich Doré der Malerei und Bildhauerei zu, jedoch mit geringerem Erfolg.
SEITE 146/147

Douglas, Edwin J.
1848–1914
SEITE 20

Dubin, Jorg R.
geb. 1955
US-amerikanischer Künstler, der am Art Institute of Southern California ausgebildet wurde. Seine Gemälde zeigte man in Museums- und Universitätsausstellungen in ganz Kalifornien. Dubin lebt und arbeitet in Laguna Beach.
SEITE 260/261

Dürer, Albrecht
1471–1528
Herausragender Maler und Zeichner, der vielen als Deutschlands bedeutendster Künstler gilt. Der Sohn eines Goldschmieds arbeitete nach seiner Ausbildung durch Michael Wolgemut (1434–1519) als Holzschnittillustrator, bis er sich schließlich eine eigene Werkstatt in Nürnberg einrichtete. Im Zuge einiger Italienreisen geriet er nachhaltig in den Bannkreis der Renaissance. Dürer schuf sowohl großformatige Altarbilder, Porträts und Allegorien wie auch Aquarellbilder mit Themen aus der Naturgeschichte.
SEITE 323

Dyck, Anthonis van
1599–1641
Der bedeutende flämische Maler, Schüler von Hendrick van Balen (um 1575–1632) und Rubens, fertigte während eines Italienaufenthalts einige hervorragende Porträts von Genueser Adligen. Von 1628 bis 1632 arbeitete er in Antwerpen, anschließend ging er nach England, um Hofmaler Karls I. (1600–1649) zu werden. Dort entstanden seine bekanntesten Arbeiten, die Bildnisse der englischen Königsfamilie, die einen Höhepunkt der europäischen Porträtkunst darstellen. Van Dyck schuf auch Landschaftsgemälde und Altarwerke.
SEITE 74/75

Earle, Augustus
1793–1838
Ausgedehnte Reisen führten den britischen Maler, der zwischen 1806 und 1815 in der Royal Academy ausstellte, nach Nord- (1818–1820) und Südamerika (1820–1824). Während einer Fahrt nach Indien wurde er im Februar 1824 versehentlich auf der Atlantikinsel Tristan da Cunha zurückgelassen und mußte dort acht Monate ausharren, bevor ihn ein vorüberfahrendes Schiff mit nach Australien nahm. Von dort aus kehrte er 1829 nach England zurück. Eine Krankheit hinderte ihn, an Charles Darwins Expedition mit der Beagle teilzunehmen.
SEITE 298/299

Emms, John
1843–1912
Emms, ein überaus produktiver Tiermaler, war auf die Darstellung von Fuchshunden und Foxterriern spezialisiert. Da man die Qualität der Arbeiten allgemein schätzte, wurden mehr als 300 seiner Gemälde im Lauf der Jahre zu Ausstellungen in der Royal Academy zugelassen. Er pflegte seine Rechnungen mit Bildern zu bezahlen. Kürzlich brachten zwei seiner Werke auf einer Auktion 150.000$.
SEITE 20/21, 50/51, 162, 178/179, 204/205

Ferneley, John E.
1782–1860
Britischer Maler von Jagdszenen. Der Sohn eines Stellmachers übte bereits als Jugendlicher sein Handwerk aus, indem er die beschädigten Holzflächen von Kutschen bemalte, die zur Reparatur in die Werkstatt seines

Vaters gebracht worden waren. Sein bevorzugtes Motiv waren Fuchshunde, die er auf breite, rechteckige Leinwände (ein von ihm selbst erdachtes Format) malte. Außerdem schuf er zahlreiche Gemälde von anderen Tieren.
SEITE 235

Flameng, François
1856–1923
Der französische Maler und Illustrator, Schüler von Alexandre Cabanel (1823–1889), stellte erstmals während des Salons von 1873 aus. Seine Porträts machten ihn zu einem bekannten Maler seiner Zeit, daneben schuf er aber auch bemerkenswerte Buchillustrationen, vor allem für die 1886er Ausgabe der Werke Victor Hugos.
SEITE 94/95

Fortescue, William B.
1855–1924
Der englische Maler arbeitete hauptsächlich in Cornwall, vor allem in der Gegend um St. Ives. Bekannt wurde er durch seine atmosphärisch dichten Seestücke und Küstenszenen.
SEITE 241

Foujita, Tsugouharu (oder Léonard)
1886–1968
In Japan geborener Künstler, der vorwiegend in Frankreich tätig war. Nach seinem Abschluß an der Kunstakademie Tokio ging er nach Frankreich und knüpfte dort enge Kontakte zur École de Paris. Foujita entwickelte einen ganz eigenen Stil, der orientalische und okzidentale Merkmale miteinander verschmolz. Nach einem von 1933 bis 1950 währenden Aufenthalt in Japan ließ er sich in Frankreich nieder und erhielt 1955 die französische Staatsbürgerschaft. Seine Katzenbilder machten ihn einer breiten Öffentlichkeit bekannt.
SEITE 168/169

Fragonard, Jean-Honoré
1732–1806
Neben François Boucher und Antoine Watteau ist Fragonard einer der großen Maler des Rokoko und Sittendarsteller des Ancien régime. Der Schüler von Jean-Baptiste Siméon Chardin (1699–1779) und François Boucher (1703–1770) beendete seine Ausbildung in Italien. Neben seinen Landschaftsbildern und Familienszenen schuf er vor allem galante, erotische Szenerien, die besonders am französischen Hof sehr geschätzt wurden. Die Gemälde, die Fragonard im Auftrag von Madame du Barry (1741–1793) für ihr Schloß in Louveciennes malte, gelten als seine Hauptwerke.
SEITE 187

Franklin, Chester
1890–1949
US-amerikanischer Filmregisseur, der zusammen mit seinem bekannteren Bruder Sidney Franklin (1893–1972) Stummfilmkomödien drehte. Ihre Partnerschaft endete 1918 durch Chester Franklins Einberufung zum Militärdienst.
SEITE 338

Frémin, René
1672–1744
Der französische Bildhauer, Schüler von François Girardon (1628–1715) und Antoine Coysevox (1640–1720), war an der Ausgestaltung der Bâtiments du Roi (den Gebäuden des Königs), vor allem des Schlosses von Versailles, beteiligt. Den wichtigsten Auftrag aber erhielt er von Philipp V. von Spanien, für dessen Gärten in La Granja er Statuen anfertigte.
SEITE 23

Gaddi, Agnolo
um 1333–1396
Florentinischer Künstler, Sohn des bekannteren Taddeo Gaddi (um 1300–1366). Sein Werk steht deutlich unter dem Einfluß Giottos, zu seinen bemerkenswertesten Fresken gehören die in der Kirche Santa Croce in Florenz und im Dom zu Prato.
SEITE 330/331

Gainsborough, Thomas
1727–1788
Der englische Porträt- und Landschaftsmaler war Mitbegründer der Royal Academy of Arts. Gainsborough wurde in Sudbury (Suffolk) geboren und ließ sich zunächst in Ipswich und Bath, später dann in London nieder, wo er erfolgreich wirkte. Zeit seines Lebens stand er in Konkurrenz zu Joshua Reynolds (1723–1792), dem anderen großen Porträtisten dieser Epoche. Reynolds konnte zu seiner Zeit zwar mehr öffentliche Ehrungen für sich verbuchen, heute gilt jedoch Gainsborough als der talentiertere Maler. Neben zahlreichen Ganzfigurenporträts schuf er Landschaftsdarstellungen und ländliche Genreszenen.
SEITE 378

Gauermann, Friedrich
1807–1862
Sohn einer österreichischen Künstlerfamilie, der sein Handwerk beim Vater, dem Kupferstecher Jakob Gauermann (1773–1843), erlernte. Seine Landschaftsbildnisse gelten als typisch für die Biedermeierzeit.
SEITE 150/151

Gauguin, Eugène Henri Paul
1848–1903
Französischer Maler, der als eine der führenden Persönlichkeiten der symbolistischen und nachimpressionistischen Bewegung gilt. Bevor er die Kunst zu seinem Beruf machte, arbeitete er als Börsenmakler. Gauguin beteiligte sich zunächst an Ausstellungen der Impressionisten, bemühte sich aber schon bald, die intellektuel-

len Künstlerzirkel der französischen Hauptstadt zu verlassen und in »einfacher« Umgebung zu leben, wie er sie zunächst im bretonischen Pont-Aven und später auf der französischen Pazifikinsel Tahiti fand. Nicht zuletzt seiner kühnen Farbexperimente wegen gilt er neben Paul Cézanne und Vincent van Gogh als einer der Begründer der modernen Kunst.
SEITE 67

Gérard, Théodore
1829–1895
Den größten Teil seines künstlerischen Lebens verbrachte der belgische Maler in seiner Geburtsstadt Gent. Dem Geschmack seiner Zeit folgend, fertigte er vorwiegend sentimentale, ländliche Szenen an.
SEITE 240/241

Giotto di Bondone
um 1267–1337
Der florentinische Maler und Baumeister gilt als einer der fruchtbarsten Renaissancekünstler. Er brach mit der Tradition der byzantinischen Malerei und pflegte einen naturalistischeren Ansatz, was in der Entwicklung der europäischen Kunst eine entscheidende Wende einleitete. Eines seiner bekanntesten Werke ist ein großer Freskenzyklus in der Arenakapelle zu Padua (um 1305/06). Dem Leben des hl. Franz von Assisi widmete er einen Zyklus von Arbeiten, in denen sich selbstverständlich auch eine ganze Reihe von Tierdarstellungen finden.
SEITE 250, 302, 328/329

Giovannetti, Matteo
um 1300–1368/69
Italienischer Künstler aus Viterbo, in Rom gestorben. Die bedeutendste der von ihm erhalten gebliebenen Arbeiten ist ein Fresko im Papstpalast von Avignon.
SEITE 36

Graeme, Colin
1858–1910
Auf Jagdhunde und Pferde spezialisierter englischer Künstler, Sohn des Malers R.H. Roe (1793–1880). Graeme änderte seinen Namen, um bei gemeinsamen Ausstellungen mit seinem Vater Verwechslungen zu vermeiden.
SEITE 13, 31

Grau, Gustave-Adolph
1873–1919
Der französische Genremaler war Schüler von Léon Bonnat (1833–1922) und wurde 1908 in die Ehrenlegion aufgenommen.
SEITE 97

Grimm, Jacob Ludwig Karl
1785–1863
Deutscher Literatur- und Sprachwissenschaftler. Zusammen mit seinem Bruder Wilhelm veröffentlichte er *Kinder- und Hausmärchen* (1812–1814) und *Deutsche Sagen* (1816–1818). Jacob Grimm schrieb 1835 die *Deutsche Mythologie*, ein Pionierwerk der deutschen Volkskunde. Wie sein Bruder Wilhelm war er bis zu seiner politisch bedingten Entlassung Professor an der Universität Göttingen.
SEITE 155

Grimm, Wilhelm Karl
(1786–1859)
Deutscher Literatur- und Sprachwissenschaftler, jüngerer Bruder von Jacob Grimm. Die Karrieren der beiden Brüder ähneln sich in bemerkenswerter Weise. Beide studierten in Marburg, fanden Anstellungen in Kassel und wurden Professoren der Universität Göttingen. Sie gehörten zu den Göttinger Sieben, die man ihrer Ämter enthob, als sie gegen die reaktionäre Politik von König Ernst August von Hannover (1771–1851) protestierten. Wilhelm Grimm hatte an der Niederschrift der Märchen einen größeren Anteil als sein Bruder.
SEITE 155

Gysels, Pieter
um 1621–1690
Der flämische Maler wurde 1649/50 in der Antwerpener Gilde vom hl. Lukas als Meister registriert. Gysels war auf Darstellungen von Landschaften und ländlichen Jahrmärkten spezialisiert.
SEITE 149

Hacker, Arthur
1858–1919
Englischer Maler, der bei Léon Bonnet (1833–1922) ausgebildet wurde, einem der besten Salonmaler seiner Zeit. Unter dem Einfluß seines Lehrers entwickelte Hacker einen naturalistischen Stil und entdeckte seine Vorliebe für ländliche Themen.
SEITE 220

Hager, Thomas
geb. 1965
US-amerikanischer Künstler, der an der University of North Florida, Jacksonville, Fotografie studierte. Lebt und arbeitet vorwiegend in Florida.
SEITE 112

Hahn, Moira
geb. 1956
Die in Los Angeles lebende Künstlerin thematisiert in ihren Aquarellen häufig politische und ökologische Fragen, die sie satirisch behandelt.
SEITE 258/259

Hancock, Charles
1802–1877
Durch seine Beschäftigung in Tattersalls Reitschule konnte der englische Maler zahlreiche Pferderennen mitverfolgen, was sein Interesse für Tierstudien weckte. Er schuf viele Jagdszenen und stellte zwischen 1819 und 1847 in der Royal Academy aus.
SEITE 124/125

Hansen, Gaylen
geb. 1921
US-amerikanischer Maler, lebt an der Nordwestküste. In seinen in naivem Stil gemalten Bildern zeigt er eine bemerkenswerte Bandbreite wildlebender Tiere, die ihm als »Aufhänger« für bissige Kommentare über menschliches Verhalten dienen.
SEITE 3, 5, 45, 62, 66/67, 79, 120/121, 147, 164/165, 177, 350, 370

Hardy, Bert
1913–1995
Der englische Fotograf veröffentlichte seine ersten Arbeiten in *The Bicycle* (um 1930) und arbeitete von 1941 bis 1957 für die *Picture Post*. Eine heftige Kontroverse lösten 1950 seine in Zusammenarbeit mit James Cameron (1910–1985) entstandenen Berichte über den Koreakrieg aus. Hardy zog sich später aufs Land zurück.
SEITE 163, 202/203

Harvey, George
1806–1876
Schottischer Künstler, geboren in St. Ninian's nahe Stirling. Nach der Ausbildung in Edinburgh fertigte er zunächst Landschaftsdarstellungen und Szenen aus der schottischen Geschichte an. 1864 wurde er zum Präsident der Royal Scottish Academy ernannt und drei Jahre später in den Ritterstand erhoben.
SEITE 232/233

Henwood, Thomas
19. Jahrhundert
SEITE 34/35

Herberg, Mayde Meiers
geb. 1946
Ihre Ausbildung erhielt die Künstlerin in San Diego und Claremont, Kalifornien. Herberg ist Professorin für Kunst und Direktorin der Art Gallery Santa Ana College, Kalifornien.
SEITE 82, 316/317

Herring, John Frederick, sen.
1795–1865
Bekanntestes Mitglied einer britischen Maler-Familie mit Vorliebe für Jagdstücke. Ersten künstlerischen Unterricht erhielt Herring von einem Kutscher, der in seiner Freizeit Gemälde anfertigte. Auch Herring arbeitete eine Zeitlang als Kutscher. Nebenher bemalte er Gasthausschilder und Kutschentüren und porträtierte Pferde. Entschlossen, die Kunst zu seinem Beruf zu machen, zog er nach London und wurde Schüler von Abraham Cooper (1787–1868). Seine Arbeiten erwiesen sich als außerordentlich populär und fanden als Drucke in großer Auflage weite Verbreitung.
SEITE 131–133, 248/249

Hewitt, Charles
20. Jahrhundert
SEITE 256, 281

Hockney, David
geb. 1937
Der vermutlich bekannteste zeitgenössische Künstler Großbritanniens lebt in Kalifornien. Im Zentrum seines Frühwerks stehen männliche Akte, heute malt er vorwiegend Landschaften, Tiere und Porträts von Freunden und Familienmitgliedern.
SEITE 2

Hogin, Laurie
geb. 1964
US-amerikanische Künstlerin und Kunstdozentin, studierte an der Cornell University und dem Art Institute in Chicago. Ihre Arbeiten sind Bestandteil zahlreicher Sammlungen und Museen in den USA.
SEITE 336

Holdsworth, Anthony
geb. 1945
In Großbritannien geborener amerikanischer Künstler, der seine Ausbildung in England und San Francisco erhielt. Seine in der Tradition des plein air stehenden Arbeiten zeigen Außenansichten des kalifornischen Lebens. Außerdem unterrichtet er und leitet Kunstreisen nach Mittel- und Südamerika.
SEITE 4

Hondt, Lambert de
gest. um 1665
Flämischer Maler, Bruder von Jan de Hondt d.Ä. und Schüler von David Tenniers (1582–1649).
SEITE 303, 332

Horlor, George, W.
tätig 1849–1891
Bekannt vor allem für seine Landschafts- und Tiergemälde, gehören zu den bevorzugten Motiven des englischen Malers eher Haus- als Jagdhunde.
SEITE 196/197

Huang, Chuck
geb. 1970
Huang wurde im taiwanesischen Taipeh geboren und studierte am Art Institute of Southern California und an der Pennsylvania Academy of Art. In seinen Gemälden verbinden sich alltägliche Ereignisse mit monumentalen Szenerien.
SEITE 340

Hunt, William Holman
1827–1910
Englischer Künstler, Mitbegründer der Präraffaeliten. Seinen durch naturnahen Realismus geprägten Arbeiten wohnt fast immer eine moralische Botschaft inne. Hunt unternahm verschiedene Reisen in den Mittleren Osten, um seinen von biblischen Motiven geprägten Darstellungen Authentizität zu verleihen. Sein bekanntestes Werk ist *Der Sündenbock* (1854/55).
SEITE 228/229

Hush, Gary
20. Jahrhundert
SEITE 120

Hutton, Kurt
20. Jahrhundert
SEITE 160, 185

Jacopo di Pietro
16. Jahrhundert
SEITE 236

James, Christopher
geb. 1947
Fotograf und Maler, ein Nachkomme des Schriftstellers Henry James (1843–1916). Seine Arbeiten erscheinen in den Zeitschriften *Aperture* und *American Photographer*.
SEITE 88

Joy, Thomas Musgrave
1812–1866
Vor allem für seine Porträts bekannter englischer Maler. Joy stellte seine Arbeiten regelmäßig in der Royal Academy aus, zu seinem illustren Kundenstamm gehörte unter anderem Königin Victoria (1819–1901).
SEITE 98

Kessel, Jan van, der Ältere
1626–1679
Kessel entstammte einer flämischen Künstlerfamilie und war in der Antwerpener Gilde vom hl. Lukas als Blumenmaler eingetragen, er malte aber auch Tiere, Vögel und Insekten. Als Vorlagen für seine äußerst detailreichen und minutiös ausgeführten Kompositionen dienten Illustrationen aus naturwissenschaftlichen Werken.
SEITE 325–327

Kilburne, George Goodwin
1839–1924
Englischer Genre- und Jagdmaler, Aquarellist und Graveur; Mitglied des Royal Institute of Painters in Water-Colours und ein Schüler der Brüder Dalziel. Er stellte häufig in der Royal Academy und seit 1862 auch in der New Water-Colour Society aus.
SEITE 36/37

Klimt, Gustav
1862–1918
Der österreichische Maler und Zeichner wandte sich bald der Avantgarde-Kunst zu, vor allem den Impressionisten und Symbolisten. Nach seinem Austritt aus der Wiener Künstlervereinigung wurde er 1897 Mitbegründer der Wiener Secession. Bekannt sind vor allem seine Darstellungen der Frau als femme fatale.
SEITE 128/129

Koscianski, Leonard
geb. 1952
US-amerikanischer Künstler, lebt in Maryland. Zahlreiche Ausstellungen in den USA und Europa, seine Arbeiten sind im Metropolitan Museum of Art in New York und dem Chicago Art Institute zu sehen.
SEITE 114, 116, 135

Landers, Lew (Lewis Friedlander)
1901–1962
Aus den USA stammender Regisseur von Unterhaltungsfilmen und Thrillern. Zu seinen Arbeiten zählen u.a. *Der Rabe* (1935), *Der Mann im Dunkel* (1953, 3-D-Film) und *Captain Kidd und das Sklavenmädchen* (1953).
SEITE 364

Lanfield, Sidney
1900–1972
Eigentlich Jazzmusiker, wandte sich der US-Amerikaner Lanfield 1932 dem Kino zu. Seine Verfilmung des *Hund von Baskerville* wurde zum Klassiker.
SEITE 118, 136/137

Landseer, Edwin
1802–1873
Der englische Maler und Bildhauer ist vor allem für seine Tierbilder bekannt. Schon als Jugendlicher machte Landseer durch ausgezeichnete Arbeiten auf sich aufmerksam. Königin Victoria zählte ihn zu ihren Lieblingsmalern und erhob ihn 1850 in den Ritterstand. Obgleich viele seiner Gemälde dem heutigen Geschmack rührselig erscheinen mögen, zeigte Landseer doch auch immer wieder in aller Deutlichkeit die ungeschminkte Grausamkeit der Jagd. Sein wohl berühmtestes Gemälde – mit dem auch Werbung für eine bekannte Whiskymarke gemacht wird – trägt den Titel *Der König der Bergschlucht* (1850), zu seinen herausragenden Arbeiten als Bildhauer zählen die Bronzelöwen auf dem Trafalgar Square in London.
SEITE 27–29, 46/47, 63, 73, 103, 138/139, 182

Landseer, Thomas
1795–1880
Englischer Kupferstecher, Bruder von Edwin Landseer; trug durch Stiche und Radierungen nach Motiven seines Bruders zu dessen Popularität bei.
SEITE 368/369

Largillière, Nicholas de
1656–1746
Französischer Porträtist, der zunächst in Antwerpen, dann als Schüler von Peter Lely (1618–1680) in London arbeitete. Nach seiner Rückkehr in die französische Hauptstadt etablierte sich Largillière schon bald als Lieblingsmaler der gehobenen Mittelschicht. 1743, im Alter von siebenundachtzig Jahren, wurde er Direktor der Akademie der Künste.
SEITE 8, 297

Lecomte du Noüy, Jean-Jules-Antoine
1842–1929
Ab 1861 war der französische Künstler

Schüler in der Werkstatt von Charles Gleyre (1806–1874). Er fertigte Historienszenen, Porträts sowie Genrebilder und Fresken, u.a. für die Kirche La Trinité in Paris und verschiedene Kirchen in Rumänien.
SEITE 214/215

Lester, Adrienne
19. Jahrhundert
SEITE 160, 167

Lewis, Charles
1830–1892
Englischer Genremaler und Kolorist, der 1853 eine Ausstellung in der Akademie der Künste in London hatte; seit 1882 Mitglied des Royal Institute.
SEITE 268/269

Lewis, John Frederick
1805–1876
Maler, Kupferstecher und Graphiker aus England, der sich bereits als Schüler von Thomas Lawrence (1769–1830) mit seinen Tierbildern einen Namen machte und im Auftrag von Georg V. (1762–1830) Jagdszenen anfertigte. Nach 1830 unternahm er ausgiebige Reisen und konzentrierte sich in der Folge auf die Gestaltung arabischer Motive.
SEITE 127

Lewis, Judith
tätig 1775–1776
SEITE 32/33

Liédet, Loyset
tätig 1460–1478
In Brügge arbeitend, illuminierte der niederländische Miniaturenmaler zahlreiche Manuskripte. Seine bedeutendste Arbeit jedoch sind die Illustrationen für die *Chroniques* von Froissart.
SEITE 104

Lilio, Andrea
(Andrea da Ancona nella Marca)
1555–1610
Italienischer Maler und Kupferstecher. Als Protegé von Papst Sixtus V. (1521–1590) malte er die Bibliothek des Vatikan und die Lateranbasilika San Giovanni aus.
SEITE 324/325

Lloyd, Harold
1893–1971
Der US-amerikanische Schauspieler gilt als einer der bedeutendsten Komiker der Stummfilmära. Lloyd spielte in Hunderten von Kurzfilmen und war meist in der Rolle eines schüchternen Studenten mit Hornbrille zu sehen. Bemerkenswert an seinen Filmen waren nicht zuletzt die gewagten Stunts, etwa die berühmte Uhrzeigerszene in *Ausgerechnet Wolkenkratzer* (1923). Lloyds Karriere endete mit dem Aufkommen des Tonfilms.
SEITE 226/227

López, Richard
geb. 1943
Hispano-amerikanischer Künstler, in dessen Bildern sich die Beschäftigung mit der Kultur seines Heimatlandes und der Natur widerspiegelt. López unterstützt mit seiner Arbeit hispanoamerikanische Lehrer und Künstler.
SEITE 282/283, 294

Lynde, Raymond
19. Jahrhundert
SEITE 170/171

Malbon, William
1805–1877
In Nottingham geborener englischer Genremaler.
SEITE 274

Marc, Franz
1880–1916
Deutscher Maler und Graphiker, Mitbegründer der Künstlergemeinschaft »Der Blaue Reiter«, zu der auch Wassily Kandinsky (1866–1944), Paul Klee (1879–1940) und August Macke (1887–1914) gehörten. Sein wichtigstes Thema sind Tiere, die er als spirituelle Wesen begreift.
SEITE 130/131, 282

Marshall, John
tätig 1840–1896
Von 1840 bis 1896 in London ausstellender britischer Maler.
SEITE 16/17

Marshall, William Elstob
tätig 1859–1881
Britischer Maler, tätig in London und Edingburgh.
SEITE 182/183

Meister von Moulins
tätig um 1480–1500
Nach dem Triptychon in der Kathedrale von Moulins genannter Maler, dessen Stil durch Einflüsse der Spätgotik und der frühen Renaissance geprägt ist. Deutlich spürbar ist der Einfluß von Hugo van der Goes (gest. 1482). Möglicherweise ist der Meister von Moulins identisch mit Jean Perréal, geb. 1452 in Paris.
SEITE 104/105

Memling, Hans
um 1433–1494
Niederländischer Maler, der vor allem in Brügge tätig war. Memling war vermutlich ein Schüler von Rogier van der Weyden (1399/1400–1464). Das Werk des Malers, dem in Brügge ein eigenes Museum gewidmet ist, umfaßt vor allem Altarbilder und Porträts.
SEITE 335

Menzel, Adolph von
1815–1905
Der deutsche Maler und Graphiker war vor allem in Berlin tätig. Menzel bevorzugte Szenen aus der preußischen Geschichte, widmete sich

aber auch Motiven aus dem Alltagsleben und der Industrie. Sein Stil ist naturalistisch und von Helldunkelkontrasten geprägt, die an den Impressionismus erinnern.
SEITE 245

Miller, Paton
20. Jahrhundert
US-amerikanischer Künstler, der in Honolulu und New York studierte und heute in Southampton, New York, lebt und arbeitet.
SEITE 348/349

Morisot, Berthe
1841–1895
Die französische Malerin, Enkelin von Jean Fragonard (1732–1806), war die bedeutendste weibliche Vertreterin des Impressionismus, sie malte bevorzugt Frauen und Kinder. Das Frühwerk wurde von Edouard Manet (1832–1883), spätere Arbeiten von Pierre-Auguste Renoir (1841–1919) beeinflußt.
SEITE 272/273

Musante, Ed
geb. 1942
US-amerikanischer Maler, geb. in Honolulu. Musante hatte in den USA zahlreiche Ausstellungen, unter anderem auch in der Schmidt Bingham Gallery in New York und der Campbell-Thiebaud Gallery in San Francisco.
SEITE 349

Muybridge, Eadweard
1830–1904
In Großbritannien geborener Pionier der Kinematografie, der in die USA emigrierte; eigentlicher Name Edward Muggeridge. Erste Experimente mit Phasenfotografien unternahm er im Rahmen geographischer Vermessungen. Die Ergebnisse veröffentlichte Muybridge in zwei bahnbrechenden Studien – *The Horse in Motion* (1878) und *Animal Locomotion* (1887) –, an deren Ergebnissen sich in der Folge auch Maler von Tierbildern orientierten.
SEITE 76/77

Nasmyth, Alexander
1758–1840
Schottischer Maler, Schüler von Allan Ramseay (1713–1784), der zunächst als Porträtist begann, aber vor allem durch seine Landschaftsbilder bekannt wurde. Zudem entwarf Nasmyth Häuser und Bühnenbilder. Er bewegte sich in Literatenkreisen und war ein enger Freund von Robert Burns (1759–1796).
SEITE 374

Nava, John
geb. 1947
Das Werk des aus den USA stammenden Künstlers umfaßt vor allem realistische Porträts, Akte und Stilleben, außerdem Bühnenbilder für Theater und Ballett.
SEITE 286/287

Ong, Diana
geb. 1940
Chinesisch-amerikanische Malerin, geboren und aufgewachsen in New York. Die Arbeiten der Multimedia-Künstlerin sind in mehr als dreißig Ländern ausgestellt worden und zieren zahlreiche Buchumschläge.
SEITE 113

Palanker, Robin
geb. 1950
Die Arbeiten der in Buffalo im Staat New York geborenen Malerin wurden in der Patricia Shea Gallery in Santa Monica und im Riverside Art Museum von Kalifornien ausgestellt.
SEITE 216/217

Palizzi, Filippo
1818–1899
Einer von vier Brüdern, die sämtlich als Maler hervortraten. Bekannt vor allem für seine Landschaftsgemälde, war Palizzi ein Pionier des italienischen Realismus. 1878 übernahm er die Direktion der Akademie der Künste in Neapel.
SEITE 40/41

Parsons, Alfred
1847–1920
Der englische Landschaftsmaler und Aquarellist, Schüler der South Kensington School, fertigte zahlreiche Gemälde für englische und amerikanische Zeitschriften. 1868 wurden seine Arbeiten in der Royal Academy und im Royal Institute in London ausgestellt.
SEITE 290/291

Paton, Frank
1856–1909
In London und Gravesend tätig, spezialisierte sich der englische Maler auf Hundegemälde und Jagdstücke und stellte regelmäßig in der Royal Academy aus.
SEITE 220/221

Peake, Robert
tätig 1580–1626
Im Auftrag Heinrichs, des Prinzen von Wales (1594–1612), fertigte der englische Porträtmaler zahlreiche Gemälde. 1607 wurde er zum Hofmaler Jakobs I. (1566–1625) ernannt.
SEITE 24

Piero di Cosimo
um 1462–1521
Florentinischer Maler, Schüler von Cosimo Rosselli (1439–1507), dessen Vornamen er annahm. Viele seiner Gemälde zeigen groteske und bizarre Elemente. Andrea del Sarto (1486–1530) war sein Schüler.
SEITE 6, 71

Pierre, Christian
geb. 1962
Der zunächst im Atelier eines Goldschmieds arbeitende US-Amerikaner

widmete sich später verschiedenen künstlerischen Projekten in England und den USA. Seine Arbeiten thematisieren die Einfachheit des Menschen.
SEITE 165

Price, Julius
1857–1924
Englischer Maler, stellte in der Royal Academy in London (1884) und in Paris aus.
SEITE 355, 381

Purdy, Gerald
geb. 1930
Mit seinen Arbeiten versucht der aus den USA stammende Künstler und Lehrer die Komik des Alltags bloßzulegen. Seine Drucke und Gemälde finden sich in den Galerien zahlreicher amerikanischer Universitäten.
SEITE 110/111

Raymond, Pierre
16. Jahrhundert
Zwischen 1534 und 1578 arbeitete der französische Maler, Kupferstecher und Emailleur in Paris, häufig für Franz I. (1494–1547). Raymond signierte seine Werke zumeist mit Raxman oder Rexman.
SEITE 208, 251

Reinagle, Philip
1749–1833
Schottischer Künstler ungarischer Abstammung. 1769 kam er zum Studium an der Royal Academy School nach England. Anfangs ein reiner Porträtmaler, spezialisierte er sich bald auf Tierbilder. Seine bekanntesten Hundebildern wurden in *The Sportman's Cabinet* (1803–1804) reproduziert.
SEITE 8, 56/57

Reinagle, Richard Ramsay
1775–1862
Der Sohn von Philip Reinagle studierte in Italien und Holland, bevor er sich auf Porträts und Tierbilder spezialisierte. Er stellte regelmäßig in der Royal Academy aus.
SEITE 202

Renoir, Pierre-Auguste
1841–1919
Später einer der bedeutendsten Impressionisten, arbeitete Renoir zunächst als Dekormaler in einer Porzellanmanufaktur, bevor er einige der späteren Mitglieder der impressionistischen Bewegung kennenlernte. Renoir beteiligte sich zwar mit seinen Werken an Ausstellungen der Impressionisten, kehrte aber in der Spätphase seines Schaffens mit der Gestaltung mythologischer Themen und Aktbildern zu traditionelleren Gestaltungsweisen zurück.
SEITE 257, 274/275

Reynolds, Joshua
1732–1792
Der englische Maler und Schriftsteller war erster Präsident der Royal Academy. Seine profunden Kenntnisse der Historienmalerei ermöglichten es ihm, der Porträtmalerei in Großbritannien neue Geltung zu verschaffen. Dazu trugen auch die bedeutsamen Vorlesungen (*Discourses*, 1769–1791) bei, die er in der Royal Academy hielt. Sein Werk zeichnet sich durch seine Vielseitigkeit aus.
SEITE 255, 296

Rivière, Briton
1840–1920
Englischer Künstler hugenottischer Abstammung, dessen Vater Zeichenlehrer am Cheltenham College war. Bereits mit zwölf Jahren hatte er eine Ausstellung an der British Institution. Nach einer Phase, in der er sich den Präraffaeliten annäherte, spezialisierte er sich auf Tiermalerei. Rivière wurde 1880 als Mitglied in die Royal Academy aufgenommen.
SEITE 92/93

Romero, Frank
geb. 1941
Die jüngsten Ausstellungen des in Los Angeles geborenen US-Amerikaners fanden in der Alitash Kebede Gallery in Los Angeles und der Sylvia White Gallery in Santa Monica statt. Romero ist Mitbegründer der Gruppe »Los Four«, eines Kollektivs hispanoamerikanischer Künstler.
SEITE 84/85, 158

Romney, George
1734–1802
Bekannt wurde der englische Porträtmaler, Sohn eines Kunsttischlers aus Lancashire, durch seine zahlreichen Porträts von Emma Hart, der späteren Lady Hamilton (um 1761–1815) und Geliebten Lord Nelsons. Hervorragend sind auch seine Kinderbildnisse.
SEITE 107

Rousseau, Henri
1844–1910
Französischer Maler, Begründer der europäischen naiven Kunst. Rousseau ließ sich bereits 1885 pensionieren, um sich ganz der Malerei zu widmen. In seinem farbenprächtigen, an Traumszenen erinnernden Gemälden zeigt er Motive wie Dschungelszenen, Zigeuner und Schlangenbeschwörer. Rousseaus außergewöhnlicher Stil hatte erheblichen Einfluß auf die moderne Malerei, vor allem auf die Surrealisten.
SEITE 209, 236/237

Rubens, Peter Paul
1577–1640
Der führende nordeuropäische Repräsentant der Barockkunst war nicht nur Maler, sondern auch Diplomat. 1598 in die Malergilde von Antwerpen aufgenommen, reiste der Flame Rubens bald darauf nach Italien, wo er Hofmaler des Herzogs von Mantua wurde. Später arbeitete er in Brüssel

für das spanische Statthalterpaar, Erzherzog Albert und Infantin Isabella, in deren Auftrag er nicht nur Bilder fertigte, sondern auch einen Friedensvertrag zwischen England und Spanien aushandelte. Seiner diplomatischen Verdienste wegen erhob ihn Karl I. (1600–1649) in den Ritterstand. Als Maler erlangte Rubens in ganz Europa Ruhm. Sein umfangreiches Werk umfaßt nicht nur Gemälde, sondern auch Buchillustrationen, Kupferstiche sowie Entwürfe für Gobelins.
SEITE 48

Salimbeni, Ventura di Arcangelo
1568–1613
Italienischer Maler und Kupferstecher, geboren in Siena. Nach der Ausbildung durch den Vater, Arcangelo (tätig 1567–1580/89), arbeitete Salimbeni mehrere Jahre lang in Rom, vor allem in der vatikanischen Bibliothek, bevor er 1595 nach Siena zurückkehrte.
SEITE 194

Sarto, Andrea del
1486–1531
Florentinischer Maler. Nach seiner Ausbildung bei Piero di Cosimo (um 1462–1521) stieg er zu einem der führenden Maler von Florenz auf. Er schuf großformatige Fresken, Altarbilder und Porträts.
SEITE 7, 328

Sartorius, Francis
1734–1804
Als Sproß einer auf Jagdszenen spezialisierten Künstlerfamilie wurde der englische Maler vor allem für seine Pferdebildnisse bekannt. Regelmäßige Ausstellungen in der Society of Artists und der Royal Academy.
SEITE 53

Savery, Roelandt
1576–1639
Flämischer Maler von Stilleben, Tierbildern und Landschaftsgemälden. Savery arbeitete für Heinrich IV. (1533–1610) in Frankreich und Kaiser Matthias (1557–1619) in Wien sowie für Rudolf II. (1552–1612), König von Ungarn und Böhmen, an dessen Hof in Prag eine einzigartige Menagerie, in der auch exotische Tierarten vertreten waren, Savery Gelegenheit zu umfangreichen Studien gab.
SEITE 310/311

Scott, Septimus
1879–um 1932
SEITE 184/185

Seurat, Georges
1859–1891
Der französische Maler und Zeichner gilt als einer der Hauptvertreter des Neoimpressionimus. Ausgehend vom Impressionismus, suchte Seurat nach Möglichkeiten, die Wirkung dieses Malstils noch zu erhöhen und entwickelte den Pointilismus. Beispielhaft für diesen Stil ist sein Gemälde *Ein Sonntagnachmittag auf der Île de la Grande Jatte* (1884–86). Seurat starb einunddreißigjährig auf dem Höhepunkt seiner Schaffenskraft.
SEITE 192/193

Shonnard, Timothy
20. Jahrhundert
SEITE 257, 278/279

Smirke, Robert
1752–1845
Seit 1793 war der englische Maler und überaus produktive Buchillustrator Mitglied in der Royal Academy. Smirke schuf unter anderem Bilder für *1001 Nacht* und *Don Quijote*.
SEITE 367

Smythe, Edward Robert
1810–1899
SEITE 222/223

Specht, Friedrich
1839–1909
Deutscher Tiermaler, Bildhauer, Lithograph und Illustrator, Schüler an der Kunstschule in Stuttgart. Specht fertigte u.a. die Illustrationen für Alfred Brehms Tierleben (1864–1869) und viele Kinderbücher.
SEITE 144/1445

Sperling, Heinrich
1844–1924
Deutscher Maler.
SEITE 308/309

Standing, Henry William
tätig 1895–1905
SEITE 238/239

Stern, Pia
geb. 1952
Die Künstlerin wurde in Kalifornien geboren. Zahlreiche Ausstellungen, zuletzt in der Erickson & Elins Gallery in San Franciso.
SEITE 80/81, 217

Stevens, Gustav Max
1871–1946
Porträt-, Landschafts- und Pflanzenmaler aus Belgien, der u.a. *En province française* verfaßte und illustrierte.
SEITE 96/97

Stobbaerts, Jan
1838–1914
Der belgische Maler und Kupferstecher war Schüler des bekannten Tiermalers Emanuel Notermann (1808–1863). Den Schwerpunkt von Stobbaerts Werk bilden Freilichtgemälde, die vornehmlich in der Gegend um Antwerpen entstanden. 1884 stellte er mit »Les XX« aus, zwei Jahre später ließ er sich in Brüssel nieder.
SEITE 360/361

Stone, Marcus
1840–1921
Britischer Maler, Schüler seines Vaters, des Malers Frank Stone. Stone begann als Illustrator. Der Schwerpunkt seiner Arbeit liegt jedoch auf Historiengemälden, wobei er bevorzugt Motive der napoleonischen Zeit aufgriff. Modernere Themen finden sich in seinem Werk nur selten.
SEITE 100/101

Stretton, Philip
tätig 1879–1922
Der aus London stammende Künstler war ein talentierter Tiermaler, spezialisiert auf Jagdszenen und Hunde. Gelegentliche Ausstellungen in der Royal Academy.
SEITE 279, 284

Strozzi, Bernardo
1581–1644
In Genua geboren, trat der italienische Maler um 1597 dem Kapuziner-Orden bei, verließ ihn aber aus familiären Gründen wieder. Strozzi ging 1631 nach Venedig, wo er sich als Porträt- und Genremaler hervortat sowie biblische Szenen schuf.
SEITE 325

Stubbs, George
1724–1806
Vor allem für seine hervorragenden Pferdedarstellungen war der in Liverpool geborene Maler und Kupferstecher bekannt. Umfangreiche Kenntnisse der Anatomie bilden die Grundlage für die detaillierten Tierbilder des Autodidakten. Hervorzuheben ist sein Werk *The Anatomy of the Horse* (1766). Stubbs war im übrigen auch ein trefflicher Porträtmaler.
SEITE 35, 62, 89–91

Suthers, Leghe
1856–1924
Englischer Genremaler, der zwischen 1885 und 1905 in London ausstellte.
SEITE 306/307

Tayler, John Frederick
1802–1889
Aus England stammender Maler und Graphiker, der an der Kunstschule von Sass studierte und in Paris Schüler von Horace Vernet (1789–1863) war. Bemerkenswert sind vor allem seine Jagdszenen.
SEITE 204

Tenré, Charles Henry
1864–1926
Der französische Genremaler und Illustrator hegte eine Vorliebe für dekorative Kunst. 1900 wurde er in die Ehrenlegion aufgenommen.
SEITE 161, 196

Ter Meulen, François Pieter
1843–1927
Niederländischer Landschafts- und Tiermaler, der sich, obwohl studierter Geisteswissenschaftler, 1874 ganz der Malerei zuwandte. Sein Werk scheint inspiriert durch Anton Mauve (1838–1888), zeigt aber dennoch einen ganz eigenen Stil. Ausstellungen in Paris.
SEITE 230/231

Thorvaldsen, Bertel
1770–1844
Als einer der führenden Vertreter des Klassizismus lebte und arbeitete der dänische Bildhauer überwiegend in Rom, wo er eine bedeutende Werkstatt betrieb. Seine Rückkehr nach Dänemark glich einem Triumphzug. Noch zu seinen Lebzeiten wurde in Kopenhagen ein ihm gewidmetes Museum gegründet.
SEITE 208, 228

Tizian (Tiziano Vecellio)
um 1485–1576
Der bedeutendste Meister der venezianischen Schule war nicht nur Schüler von Giovanni Bellini (um 1430/40–1516), sondern auch von Giorgone (1476/78–1510); einige Werke des letzteren vollendete er nach dessen Tod. Durch herrliche Altarbilder machte er sich in ganz Europa einen Namen. Nach Kontakten mit verschiedenen italienischen Höfen begann 1530 seine Tätigkeit für Kaiser Karl V. (1500–1558). Hauptförderer in der Spätphase seines Schaffens war Philipp II. von Spanien (1527–1598). Tizians Altarbilder, Porträts und Gemälde mit mythologischen Motiven hatten prägenden Einfluß auf die europäische Malerei.
SEITE 276/277, 312/313

Torrez, Bob
20. Jahrhundert
SEITE 346/347

Toulouse-Lautrec, Henri de
1864–1901
Maler und Graphiker französischer Herkunft und führender Vertreter des Spätimpressionismus. Toulouse-Lautrec war ein passionierter Reiter, zwei Stürze führten jedoch zu Beinbrüchen und hatten eine Behinderung des Wachstums zur Folge. Toulouse-Lautrec lebte und arbeitete in Paris; bekannt wurde er mit Bildern von Vergnügungslokalen, Bordellen, Zirkussen und Pferderennen. Seines ausschweifenden Lebensstils wegen starb er bereits im Alter von sechsunddreißig Jahren.
SEITE 190/191

Trood, William Henry Hamilton
1860–1899
Der englische Tiermaler konzentrierte sich auf Hundedarstellungen. Seine sorgfältig ausgeführten, äußerst detaillierten Bilder weisen einen Hang zum Rührseligen auf.
SEITE 162, 172/173, 179–181

Trübner, Wilhelm
1851–1917
Deutscher Maler und führendes Mit-

glied der 1892 gegründeten Münchner Sezession.
SEITE 78/79

Tuke, Henry Scott
1858–1929
Der britische Maler studierte in London und Paris, wo er sich dem Impressionismus zuwandte. In den 80er Jahren schloß er sich der Newlyn School an, 1886 war er Gründungsmitglied des New English Art Club.
SEITE 193

Vasnetsov, Victor
1848–1926
Russischer Maler, führendes Mitglied der Gruppe »Wanderer«. Der Sohn eines Priesters studierte an der Kunstakademie in St. Petersburg und nahm seit 1884 an den Wanderausstellungen der »Wanderer« teil. Bemerkenswert sind seine farbenprächtigen Umsetzungen russischer Legenden und Märchen.
SEITE 98/99, 151

Vecchi, Giovanni de'
1536/37–1615
Italienischer Maler des Manierismus, schuf Fresken und religiöse Gemälde.
SEITE 303, 314/315

Vernet, Émile-Jean-Horace
1789–1863
Einer französischen Künstlerfamilie entstammend, schuf er Bilder mit militärischen Motiven, aber auch Tiergemälde. 1828 wurde er Direktor der Französischen Akademie in Rom.
SEITE 212/213

Vos, Paul de
um 1596–1678
Der Bruder des bekannteren Cornelis de Vos (um 1584–1651) schuf Tier- und Jagdbilder im Stil seines Schwagers Frans Snyders (1579–1657), der ebenso wie er zu den Atelierschülern Rubens' gehörte.
SEITE 126/127

Walker, Robert
20. Jahrhundert
SEITE 364

Waller, Lucy
tätig 1882–1906
SEITE 198–199

Warden, John
20. Jahrhundert
SEITE 134/135

Warner, Christopher
geb. 1953
Aus Montana stammend, lebt, malt und unterrichtet Warner heute in Los Angeles. Seine Bilder zeigen die Enge urbaner Landschaften und die Weitläufigkeit der Prärie. Warner hatte bereits zahlreiche Ausstellungen im mittleren Westen und an der Westküste.
SEITE 111

Wetherbee, George Faulkner
1851–1920
Der in Cincinnati/USA geborene Wetherbee studierte in Boston, bereiste Europa und ließ sich in London nieder. Er schuf vor allem poetische Darstellungen des Landlebens.
SEITE 210, 248

Wilcox, Fred
1905–1964
Zunächst hatte der US-amerikanische Filmregisseur als Publizist, dann als Assistent von King Vidor (1896–1982) gearbeitet. Wilcox führte bei drei Lassie-Filmen Regie, wurde aber vor allem mit dem Science-Fiction-Film Alarm im Weltall (1956) bekannt.
SEITE 354, 364/365

Winsryg, Marian
geb. 1941
Die Künstlerin lebt in Los Angeles, ihre Arbeiten umfassen vor allem Bildnisse von Haustieren und werden unter anderem im Los Angeles County Museum of Art, der Los Angeles Art Association und der Louisville Visual Art Association gezeigt.
SEITE 200/201, 254, 266/267, 300

Woodward, Thomas
1801–1852
Der englische Maler, geboren in Worcester, war Schüler von Abraham Cooper, einem zu seiner Zeit gefeierten Maler von Jagdstücken. Bekannt sind vor allem Woodwards Historienbilder (darunter Die Schlacht von Worcester und Der Kampf um die Fahne), daneben malte er aber auch für Königin Victoria (1819–1901) einige ihrer Hunde.
SEITE 52/53

Yaskulka, Hal
geb. 1964
US-amerikanischer Künstler aus Brooklyn, New York. Sein vielseitiges Werk umfaßt Porträts und Landschaften sowie Wandgemälde an öffentlichen Gebäuden und Entwürfe für die Medienindustrie.
SEITE 264/265, 286

Bildnachweis

AKG LONDON
S. 40–41, 46, 78, 102, 136, 143, 145, 206, 224–225, 226, 227, 234, 242, 244, 309, 317, 323, 337, 338, 346, 358, 359, 364, 365, 366, 375, 380, 382/Paul Almasy 168, 259/Alte Pinakothek, München 48, 335/Nationalgalerie Berlin 245/Bibliothèque National, Paris 32 /Museum der Bildenden Künste, Leipzig 277/Galleria Borghese, Rom 26/British Museum, London 318/Cameraphote 295/Museo Capitolino, Rom/Eric Lessing 137/Harris Museum and Art Gallery, Preston 379/Musée National de l'Hotel de Cluny/Eric Lessing 320 /Archiv f. Kunst u. Geschichte Berlin 94, 146, 154, 368–369/Kunsthistorisches Museum, Wien/Eric Lessing 313, 328/Eric Lessing 319, 322/Musée du Louvre/Eric Lessing 22, 39, 138, 139, 373/Museo Archeologico Nazionale, Neapel/Eric Lessing 89/Potsdam, Berlin 75/Museo del Prado 276, 312/Privatsammlung/Eric Lessing 187/Rabat, Archäologisches Museum/Eric Lessing 123/Musée Rolin/Eric Lessing 105/Staatsgalerie, Stuttgart/Eric Lessing 343/Statens Museum for Art, Kopenhagen 191/Tretjakow Galerie, Moskau 151/Universitätsbibliothek, Basel 176/Westfälisches Schulmuseum, Dortmund 155.

BRIDGEMAN ART LIBRARY
Aberdeen University Library, Scotland 331/Ackermann & Johnson Ltd., London, UK 178, 222/Ashmolean Museum, Oxford, UK 315/Musée Barbier Mueller, Genf, Schweiz 339/Musée des Beaux-Arts, Straßburg, Frankreich 297/Musée des Beaux-Arts, Tourcoing, Frankreich 97/Chris Beetles Ltd., London, UK 290–291/Berko Fine Paintings, Knokke-Zoute, Belgien 96, 360/Bibliothèque de L'Arsenal, Paris, Frankreich 104/Bibliothèque National, Paris, Frankreich 362–363/Birmingham Museum and Art Gallery, UK 93/Bonhams, London, UK 20, 21, 31, 34, 37, 44, 56, 59, 68, 85, 106, 167, 170, 172–173, 179, 180, 181, 182, 184, 198–199, 205, 274, 279, 284, 292, 306, 307, 308, 344/British Library, London, UK 190, 219, 269, 321/British Museum, London, UK 19, 153/Burghley House Collection, Lincolnshire, UK 378/Cadogan Gallery, London, UK 260/Simon Carter Gallery 197/Christie's Images 24, 43, 103, 107, 132–133, 220, 235, 248, 268, 374, 383/Musée Condé, Chantilly, Frankreich 38/Anthony Crane Collection 144/Dreweatt Neate Fine Art Auctioneers, Newbury, Berks, UK 166/Eaton Gallery, Princes Arcade, London 241/City of Edinburgh Museums and Art Galleries, Scotland 72/Elgin Court Designs Ltd., London UK 95/Falmouth Art Gallery, Cornwall, UK 193/Villa Farnese, Caprarola, Italien 314/Fine-Lines (Fine Art) 230/Fitzwilliam Museum, University of Cambridge, UK 231, 236/Fleur-de-Lys Gallery, London, UK 42/Forbes Magazine Collection, New York, USA 92/Gavin Graham Gallery, London, UK 183/Guildhall Art Gallery, Corporation of London, UK 367/Haags Gemeentemuseum, Niederlande 371/Johnny van Haeften Gallery, London, UK 148–149, 310–311, 326–327/Haynes Fine Art at the Bindery Galleries, Broadway 74/Eremitage, St. Petersburg, Rußland 67/Historisches Museum der Stadt, Wien, Österreich 129/Illustrated London News, UK 341/Iona Antiques, London, UK 201/John Jesse, London, UK 377/Kunsthistorisches Museum, Wien, Österreich 10/Kunstmuseum Düsseldorf, Deutschland 130/Louvre, Paris, Frankreich 23, 152/The Makins Collection 229/Daniel Malingue Galerie, Paris, Frankreich 169/Mallet & Son Antiques Ltd., London, UK 98, 262–263/Josef Mensing Galerie, Hamm-Rhynern, Deutschland 196/David Messum Gallery, UK 221/Metropolitan Museum of Art, New York, USA 275/Roy Miles Gallery, London, UK 28–29, 50–51, 53, 57, 270–271/National Gallery, London, UK 70–71, 192/National Library of Australia, Canberra 298–299/Musée de l'Orangerie, Paris, Frankreich 237/Musée D'Orsay, Paris, Frankreich 186, 214–215/Palais des Papes, Avignon, Frankreich 36/Palazzo Pitti, Florenz, Italien 194/Musée du Petit Palais, Paris, Frankreich 272, 373/Phillips the Fine Art Auctioneers, UK 332/Dom von Prato, Italien 330/Privatsammlung 33, 35, 47, 124–125, 128, 171, 175, 202, 223, 238–239, 240, 249, 324, 333, 334/Musée Municipal Saint Germain, Frankreich 218/Santo Stefano, Genua-Borzolli, Italien 325/Capella degli Scrovegni (Arenakapelle) Padua, Italien 250, 329/Smith Art Gallery & Museum, Stirling, Schottland 232–233/Sotheby's, London, UK 90–91/Staatliche Schlösser und Gärten Potsdam, Deutschland 83/Stapleton Collection 58, 76, 77/Thorvaldsens Museum, Kopenhagen, Dänemark 228/Tretjakow Galerie, Moskau, Rußland 99/Galleria Nazionale dell Umbria, Perugia, Italien 195/Rafael Valls Gallery, London, UK 30, 126, 252/Victoria & Albert Museum, London, UK 25, 73,

127, 150, 204 / Wallace Collection, London, UK 49, 213, 296 / Walters Art Gallery, Baltimore, Maryland, USA 251 / Wingfield Sporting Gallery, London, UK 16–17, 27 / Wolverhampton Art Gallery, West Midlands, UK 100–101 / Christopher Wood Gallery, London, UK 381 / York City Art Gallery, North Yorkshire, UK 32, 174, 376.

NOHRA HAIME GALLERY

New York, S. 348.

HULTON GHETTY

S. 54–55, 142, 185, 188–189, 203, 212, 243, 246, 247, 280, 281, 293, 361.

LIZARDI / HARP GALLERY

Los Angeles / Carlos Almaraz 122 / Robert Bissell 288 / Theophilus Brown 86 / Jo Ann Callis 69, 345 / Maravillas Carrion 60, 87, 285 / Greg Chadwick 81 / Michael Chapmann 108 / Wes Christensen 265 / Miguel Conde 131, 357 / Jorg Dubin 261 / Moira Hahn 258 / Gaylen Hansen 3, 45, 66, 79, 121, 147, 164, 177, 350, 370 / Chuck Huang 340 / Mayde Meiers Herberg 82, 316 / Laurie Hogan 336 / Anthony Holdsworth 4 / Christopher James 88 / Leonard Koscianski 114, 135 / Richard Lopez 283, 294 / Ed Musante 349 / John Nava 287 / Robin Palanker 216 / Gerald Purdy 110 / Frank Romero 84, 158 / Pia Stern 80, 217 / Christopher Warner 111 / Marian Winsryg 200, 266–267, 300 / Hal Yaskulka 264, 286.

TONY STONE IMAGES

S. 356 / Brian Bailey 18 / Daryl Balfour 140–141 / James Barlog 156–157 / Gary Hush 120 / Timothy Shonnard 278 / Bob Torrez 347 / John Warden 134.

SUPER STOCK / CHRISTIE'S IMAGES

273, S. 282 / Thomas Hager 112 / Diana Ong 113 / Private Collection / Christian Pierre 165.

© DACS

1999 S. 154, 169, 343, 383.
© David Hockney / photo Steve Oliver S. 2.

TEXTNACHWEIS

»The New Anubis« von Patrick Chalmers, mit freundlicher Genehmigung von Methuen Publishing Ltd.; »Mad Dogs and Englishmen« von Noel Coward, mit freundlicher Genehmigung von Methuen Publishing Ltd.; »Asking a working writwer« von Christopher Hampton, © by Christopher Hampton 1977, mit freundlicher Genehmigung von Casarotto Ramsay & Associates Ltd.; »I knew that a man who cares for dogs is one thing ...« von Rudyard Kipling, mit freundlicher Genehmigung von A.P. Watt Ltd. im Auftrag des National Trust for Places of Historic Interest or Natural Beauty; »Of all the dogs that are so sweet« von E. V. Lucas, mit freundlicher Genehmigung von Methuen Publishing Ltd.; »At one of the last dog shows« von James Thurber, Copyright © 1955 by James Thurber, Copyright © 1983 erneuert durch Helen Thurber und Rosemary A. Thurber, abgedruckt mit Genehmigung von Rosemary A. Thurber und The Barbara Hogenson Agency.

Trotz intensiver Recherchen war es uns nicht in allen Fällen möglich, die Rechteinhaber der Abbildungen oder Zitate ausfindig zu machen. Berechtigte Ansprüche werden selbstverständlich im Rahmen der üblichen Vereinbarungen abgegolten.